Descubra Juegos Gratis Online

Disponibles Aquí:

BestActivityBooks.com/FREEGAMES

5 CONSEJOS PARA EMPEZAR

1) CÓMO RESOLVER LAS SOPA DE LETRAS

Los rompecabezas tienen un formato clásico:

- Las palabras se ocultan sin espacios ni guiones,...
- Orientación: Las palabras pueden escribirse hacia delante, hacia atrás, hacia arriba, hacia abajo o en diagonal (pueden estar invertidas).
- Las palabras pueden superponerse o cruzarse.

2) APRENDIZAJE ACTIVO

Junto a cada palabra hay un espacio para anotar la traducción. Para fomentar un aprendizaje activo, un **DICCIONARIO** al final de esta edición te permitirá comprobar y ampliar tus conocimientos. Busca y anota las traducciones, encuéntralas en el puzzle y añádelas a tu vocabulario!

3) MARCAR LAS PALABRAS

Puedes inventar tu propio sistema de marcado. ¿Quizás ya usas uno? También puedes, por ejemplo, marcar las palabras difíciles de encontrar con una cruz, las que te gustan con una estrella, las nuevas con un triángulo, las raras con un diamante, etc.

4) ESTRUCTURAR EL APRENDIZAJE

Esta edición ofrece un **CUADERNO DE NOTAS** muy práctico al final del libro. En vacaciones, de viaje o en casa, podrás organizar fácilmente tus nuevos conocimientos sin necesidad de un segundo cuaderno!

5) ¿HABÉIS TERMINADO TODAS LAS PARRILLAS?

En las últimas páginas de este libro, en la sección **DESAFÍO FINAL**, encontrarás un juego gratis!

¡Rápido y sencillo! Echa un vistazo a nuestra colección de libros de actividades para tu próximo momento de diversión y aprendizaje, ¡a sólo un clic de distancia!

Encuentre su próximo reto en:

BestActivityBooks.com/MiProximoLibro

En sus marcas, listos, ¡Ya!

¿Sabías que hay unas 7.000 lenguas diferentes en el mundo? Las palabras son preciosas.

Nos encantan los idiomas y hemos trabajado duro para crear libros de la más alta calidad para tí. ¿Nuestros ingredientes?

Una selección de temas adecuados para el aprendizaje, tres buenas porciones de entretenimiento, y luego añadimos una cucharada de palabras difíciles y una pizca de palabras raras. Los servimos con cariño y máxima diversión para que puedas resolver los mejores juegos de palabras y te diviertas aprendiendo!

Tu opinión es esencial. Puedes participar activamente en el éxito de este libro dejándonos un comentario. Nos encantaría saber qué es lo que más le ha gustado de esta edición.

Aquí hay un enlace rápido a tu página de pedidos:

BestBooksActivity.com/Opiniones50

Gracias por tu ayuda y diviértete!

Todo el equipo

1 - Ajedrez

```
L L I M E F K C T B Y G R C
E E E H V Í T U R Í Q X E Z
I P L I Q T M Q L P M B G M
K B W Y K E P P N I E I L W
U H F E R M Ó T M K I W U A
R Q T Y S V A R T B S F R Ð
O S C U K Y S Ð G P T K S L
P R P S Á U N R U Q A O T Æ
S T E F N U J F E R R N I R
M Ó T M Æ L A N D I I U G A
Y Z C N F Ð L O N C G N Ð L
Þ I B A A Ó L H P R V G X K
B J A Ð G E R Ð A L A U S Ð
D R O T T N I N G Q X R Þ T
```

AÐ LÆRA	MÓTMÆLANDI
HVÍTUR	AÐGERÐALAUS
MEISTARI	STIG
KEPPNI	REGLUR
SKÁ	DROTTNING
STEFNU	KONUNGUR
SNJALL	FÓRN
LEIKUR	TÍMI
LEIKMAÐUR	MÓT
SVART	

2 - Agua

```
T  R  Ö  K  U  M  O  N  S  Ú  N  N  E  G
S  J  L  B  P  Z  Z  F  X  Ð  S  A  G  H
T  T  D  I  P  L  F  F  R  O  S  T  Q  L
U  T  U  B  G  Y  L  C  H  A  F  Y  A  P
R  A  R  F  U  N  Ó  J  I  P  K  Þ  N  O
T  S  V  E  F  T  Ð  R  I  G  N  I  N  G
U  A  S  L  U  C  K  Á  V  E  I  T  U  K
Y  Þ  V  L  N  K  G  B  L  Y  M  T  N  X
B  Q  D  I  Y  S  U  L  W  S  Q  R  P  O
S  D  B  B  S  G  F  A  B  I  N  B  W  T
X  Í  T  Y  D  N  U  K  U  R  I  U  Z  N
Y  S  K  L  N  W  J  E  B  B  I  Q  C  W
J  E  C  U  G  Ð  M  Ó  H  T  A  P  O  N
J  Z  V  R  R  I  V  E  R  Y  T  E  W  H
```

SÍKUR	LAKE
STURTU	RIGNING
UPPGUFUN	MONSÚN
GEYSIR	SNJÓR
FROST	HAF
ÍS	ÖLDUR
RAKI	ÁVEITU
FELLIBYLUR	RIVER
RÖKUM	GUFU
FLÓÐ	

3 - Granja #2

```
I  F  Z  E  B  U  X  Ö  H  H  Z  L  B  U
D  R  O  N  Y  Ý  Ð  N  P  L  T  A  Z  C
P  R  O  G  G  X  F  D  J  Ö  A  M  G  W
J  P  Á  I  G  V  S  L  T  Ð  L  A  M  B
O  M  V  T  K  O  R  N  U  U  D  D  D  E
H  V  E  I  T  I  C  Y  J  G  I  Ý  Y  M
T  R  I  G  M  A  T  U  R  V  N  R  X  B
B  U  T  F  Y  U  R  Á  I  B  G  A  D  P
J  X  U  X  H  Z  K  V  D  A  A  U  B  E
B  Ó  N  D  I  J  T  Ö  É  H  R  T  Þ  Ú
K  I  N  D  R  W  P  X  S  L  Ð  U  U  P
U  J  X  H  Ð  D  B  T  N  Y  U  V  H  X
K  V  Q  B  I  K  Ý  U  V  Þ  R  Ð  S  W
Q  D  T  O  R  F  M  R  M  J  Ó  L  K  Y
```

BÓNDI	LAMADÝR
DÝR	KORN
BYGG	KIND
BÝFLUGNABÚ	HIRÐIR
MATUR	ÖND
LAMB	ENGI
ÁVÖXTUR	ÁVEITU
HLÖÐU	DRÁTTARVÉL
ALDINGARÐUR	HVEITI
MJÓLK	

4 - Mueble

```
H  U  G  G  A  S  Ó  F  A  N  U  M  M  S
F  X  O  Þ  W  X  Z  A  I  Þ  M  D  L  K
N  S  W  H  E  N  G  I  R  Ú  M  Y  I  R
B  O  I  L  M  Ð  Y  P  S  Z  W  R  X  I
Ó  B  G  L  U  G  G  A  T  J  Ö  L  D  F
K  H  E  N  J  H  D  S  Ó  W  Z  O  Þ  B
A  O  G  K  B  D  Ý  R  L  N  O  G  Ð  O
S  Ð  D  Þ  K  P  N  L  R  U  K  Q  G  R
K  F  C  D  A  U  A  Y  T  Ú  O  I  Z  Ð
Á  C  Q  D  I  U  R  Y  K  V  M  I  J  L
P  S  P  E  G  I  L  L  S  N  M  X  S  A
U  H  Æ  G  I  N  D  A  S  T  Ó  L  L  M
R  H  I  L  L  U  R  I  P  Ú  Ð  A  R  P
G  Ó  L  F  M  O  T  T  A  U  A  D  J  I
```

GÓLFMOTTA   SKRIFBORÐ
KODDI   SPEGILL
BEKKUR   BÓKASKÁPUR
RÚM   HILLUR
PÚÐAR   HENGIRÚM
DÝNA   LAMPI
GLUGGATJÖLD   STÓL
KOMMÓÐA   HÆGINDASTÓLL
HUGGA   SÓFANUM

5 - Pesca

```
N  Ý  K  J  U  R  B  Q  P  P  R  Þ  R  Z
E  L  D  A  C  B  Z  Ú  S  Z  C  Y  I  Q
Þ  U  V  Í  R  C  Á  L  N  J  P  N  V  P
B  E  I  T  A  F  R  T  K  A  I  G  E  I
K  K  J  Á  L  K  A  T  U  L  Ð  D  R  V
Þ  O  L  I  N  M  Æ  Ð  I  R  Q  U  K  T
B  D  S  Þ  Z  K  H  Z  V  A  T  N  R  Á
S  T  Ö  Ð  U  V  A  T  N  S  R  D  Ó  L
Á  R  S  T  Í  Ð  F  S  U  K  N  A  K  K
U  E  O  Q  B  G  J  B  N  X  G  F  U  N
M  R  X  G  L  G  U  G  G  A  R  J  R  Z
Z  T  I  L  K  Q  U  U  H  D  O  A  J  R
W  Z  B  D  B  M  Y  Ð  E  G  P  R  A  C
H  Þ  Q  U  L  Q  Q  F  N  Z  Ð  A  R  T
```

VATN	KRÓKUR
UGGAR	STÖÐUVATN
BÁTUR	KJÁLKA
TÁLKN	HAF
VÍR	ÞOLINMÆÐI
BEITA	ÞYNGD
KARFA	FJARA
ELDA	RIVER
BÚNAÐUR	ÁRSTÍÐ
ÝKJUR	

6 - Aviones

```
Þ  V  O  Q  L  S  S  H  S  I  N  Z  K  M
X  J  E  G  I  O  T  I  Ö  A  F  U  Z  D
C  C  F  T  C  I  J  M  S  N  G  V  É  L
Á  H  Ö  F  N  J  Ó  I  M  G  N  A  A  M
J  S  F  B  S  I  R  N  Í  D  A  U  G  D
S  T  E  F  N  U  N  N  Ð  N  R  Y  N  H
H  U  W  Þ  Ð  N  M  R  I  O  Ð  F  N  Æ
W  K  Þ  N  R  R  Á  S  I  G  L  A  L  Ð
W  C  Ð  Q  Þ  O  L  O  F  T  Þ  R  E  Ó
F  Þ  I  B  R  B  L  Ö  Ð  R  U  Þ  N  K
Æ  V  I  N  T  Ý  R  I  B  J  J  E  D  Y
F  L  U  G  M  A  Ð  U  R  S  Q  G  I  R
E  L  D  S  N  E  Y  T  I  X  D  I  N  R
Ð  P  S  K  R  Ú  F  U  R  K  B  R  G  Ð
```

LOFT	BLÖÐRU
HÆÐ	SKRÚFUR
LENDING	VETNI
STJÓRNMÁL	SAGA
ÆVINTÝRI	VÉL
HIMINN	SIGLA
ELDSNEYTI	FARÞEGI
SMÍÐI	FLUGMAÐUR
STEFNU	ÁHÖFN
HÖNNUN	ÓKYRRÐ

7 - Tipos de Cabello

```
Þ  U  N  N  U  R  L  R  A  F  S  I  W  Ð
U  G  N  A  E  I  G  A  F  A  V  Y  F  J
R  H  R  O  K  K  I  Ð  N  M  A  C  L  S
R  H  Á  R  S  V  Ö  R  Ð  G  R  Á  R  K
L  E  K  A  I  Z  M  K  I  B  T  M  D  Ö
J  I  R  S  L  F  T  E  N  X  R  J  T  L
Ó  L  U  X  F  Ð  L  Z  U  W  U  Ú  Þ  L
S  B  L  I  U  G  X  É  G  Ð  Y  K  N  Ó
H  R  L  Q  R  T  Ð  B  T  Z  Z  U  Y  T
Æ  I  A  Q  I  N  H  V  Í  T  U  R  R  T
R  G  L  A  N  S  A  N  D  I  U  W  L  U
Ð  Ð  F  L  É  T  T  U  R  Z  L  M  O  R
U  U  M  X  N  L  X  P  M  E  Z  Þ  Y  F
R  R  Þ  Y  K  K  U  R  S  T  U  T  T  X
```

HVÍTUR	SVART
GLANSANDI	SILFUR
HÁRSVÖRÐ	HROKKIÐ
SKÖLLÓTTUR	KRULLA
STUTT	LJÓSHÆRÐUR
ÞUNNUR	HEILBRIGÐUR
GRÁR	ÞURR
ÞYKKUR	MJÚKUR
LANGT	FLÉTTUM
BRÚNT	FLÉTTUR

8 - Ciencia Ficción

```
P  Ð  O  Þ  P  L  N  B  G  D  H  Ú  Í  V
U  N  S  K  E  O  G  L  V  U  K  T  M  É
E  U  R  V  O  T  U  E  É  L  Z  Ó  Y  L
L  H  E  I  M  U  R  K  F  A  N  P  N  M
D  E  I  K  A  K  T  K  R  R  O  Í  D  E
U  X  K  M  T  E  F  I  É  F  Á  A  A  N
R  T  I  Y  B  R  W  N  T  U  U  B  Ð  N
A  R  S  N  U  F  F  G  T  L  I  T  Æ  I
U  E  T  D  R  I  F  J  H  L  V  Æ  B  R
N  M  J  A  Ð  N  I  R  A  U  H  K  Æ  I
H  E  A  H  A  U  A  T  K  R  K  N  K  J
Æ  E  R  Ú  R  G  J  L  W  K  L  I  U  V
F  V  N  S  Á  G  A  L  A  X  Y  Æ  R  Y
T  N  A  R  S  P  R  E  N  G  I  N  G  Y
```

LOTUKERFINU	ÍMYNDAÐ
KVIKMYNDAHÚS	BÆKUR
FJARLÆG	DULARFULLUR
ATBURÐARÁS	HEIMUR
SPRENGING	VÉFRÉTT
EXTREME	REIKISTJARNA
FRÁBÆR	RAUNHÆFT
ELDUR	VÉLMENNI
GALAXY	TÆKNI
BLEKKING	ÚTÓPÍA

9 - Juguetes

```
R  K  J  F  Þ  M  Y  Y  V  R  D  D  Í  H
F  L  U  G  D  R  E  K  A  E  Ú  A  M  A
V  Z  Ð  B  J  T  A  V  B  I  K  F  Y  N
Ö  O  Q  I  O  J  T  U  Á  Ð  K  U  N  D
R  E  Z  S  X  L  E  S  T  H  A  P  D  V
U  B  Æ  K  U  R  T  W  U  J  L  P  U  E
B  K  Í  P  L  J  Z  I  R  Ó  E  Á  N  R
Í  V  É  L  M  E  N  N  I  L  I  H  A  K
L  U  V  E  L  I  I  B  Ð  A  R  A  R  V
L  H  C  I  C  O  S  V  Þ  E  A  L  A  S
I  W  S  K  Á  K  B  B  C  D  B  D  F  N
B  X  H  I  F  L  U  G  V  É  L  S  L  D
Q  L  J  R  E  M  Á  L  N  I  N  G  U  M
T  R  O  M  M  U  R  J  T  N  Ð  H  L  C
```

SKÁK	UPPÁHALDS
LEIR	ÍMYNDUNARAFL
HANDVERK	LEIKIR
FLUGVÉL	BÆKUR
BÁTUR	DÚKKA
REIÐHJÓL	MÁLNINGU
BOLTI	VÉLMENNI
VÖRUBÍLL	ÞRAUT
BÍLL	TROMMUR
FLUGDREKA	LEST

10 - Circo

```
Á  L  K  L  S  K  M  S  H  J  A  B  B  B
Þ  H  E  L  C  D  H  K  B  C  D  R  Ú  Þ
C  F  O  U  B  F  Þ  E  L  D  D  A  N  F
O  J  N  R  J  C  S  M  Ö  J  W  G  I  T
D  Ý  R  C  F  Í  L  M  Ð  B  Ó  Ð  N  Ö
T  J  A  L  D  A  N  T  R  S  Q  N  G  F
R  Ó  A  S  A  P  N  A  U  Ý  J  A  U  R
Ú  G  N  G  T  I  P  D  R  N  Ú  M  R  A
Ð  T  A  L  N  B  R  J  I  A  G  M  G  M
U  T  I  M  I  C  E  X  Þ  F  L  I  A  A
R  Q  Þ  D  R  S  U  L  D  V  E  W  L  Ð
G  F  Þ  G  D  M  T  I  G  E  R  M  D  U
R  S  K  R  Ú  Ð  G  A  N  G  A  T  U  R
A  C  R  O  B  A  T  S  V  Ð  K  L  R  V
```

ACROBAT	GALDUR
DÝR	TÖFRAMAÐUR
NAMMI	JÚGLER
TJALD	API
SKRÚÐGANGA	SÝNA
FÍL	TÓNLIST
SKEMMTA	TRÚÐUR
ÁHORFANDI	TIGER
BLÖÐRUR	BÚNINGUR
LJÓN	BRAGÐ

11 - Granja #1

```
B  A  N  Y  C  H  Þ  X  L  G  H  L  J  H
V  U  T  Ð  X  A  E  Y  S  E  S  A  R  U
I  L  F  F  V  X  A  S  N  I  K  N  H  N
G  I  R  Ð  I  N  G  H  T  T  K  D  E  A
A  W  W  V  Þ  R  V  K  X  U  F  B  Y  N
K  J  Ú  K  L  I  N  G  U  R  R  Ú  H  G
H  V  Z  Ý  G  I  M  K  R  E  Æ  N  R  K
J  U  H  R  P  H  Z  V  E  M  H  A  Í  Á
K  S  N  K  R  Á  K  A  J  U  L  Ð  S  L
Y  Ö  I  D  U  D  H  T  K  Ð  I  U  G  F
U  D  T  T  U  O  E  N  G  I  T  R  R  U
B  S  S  T  G  R  V  K  L  G  F  Y  J  R
P  Þ  Þ  A  U  Á  B  U  R  Ð  U  R  Ó  U
L  A  N  D  Y  R  Í  U  J  X  M  Y  N  Ð
```

BÍ

LANDBÚNAÐUR

VATN

HRÍSGRJÓN

ASNI

HESTUR

GEIT

ENGI

KRÁKA

ÁBURÐUR

KÖTTUR

HEY

HUNANG

HUNDUR

KJÚKLINGUR

FRÆ

KÁLFUR

LAND

KÝR

GIRÐING

12 - Camping

```
O  H  A  K  R  T  Ð  R  N  F  P  R  P  H
U  R  R  V  M  Ð  J  J  V  X  J  M  Q  E
S  T  Ö  Ð  U  V  A  T  N  I  B  Æ  A  N
K  K  L  E  F  A  H  P  R  W  Ú  V  O  G
O  O  Ó  R  E  I  P  I  M  É  N  I  P  I
R  R  H  G  N  Á  T  T  Ú  R  A  N  D  R
D  T  S  Q  U  E  L  D  U  R  Ð  T  L  Ú
Ý  W  M  M  H  R  Z  M  Ý  Þ  U  Ý  T  M
R  F  J  A  L  L  Q  H  S  R  R  R  U  Y
Á  T  T  A  V  I  T  A  Þ  Z  H  I  N  Ð
Ð  B  G  I  E  H  A  T  T  U  R  B  G  T
K  Z  P  S  I  P  Q  Þ  Z  T  U  Y  L  R
X  A  X  X  Ð  K  A  N  Ó  Y  C  C  U  Z
F  O  O  W  A  W  M  L  U  K  T  K  D  U
```

DÝR	ELDUR
ÆVINTÝRI	HENGIRÚM
TRÉ	SKORDÝR
SKÓGUR	STÖÐUVATN
ÁTTAVITA	LUKT
KLEFA	TUNGL
KANÓ	KORT
VEIÐA	FJALL
REIPI	NÁTTÚRAN
BÚNAÐUR	HATTUR

13 - Fruta

```
G M H M A M W K P N A F A L
P U F W C E J I A E N F V A
A E A Q K L D R P C A C Ó Y
H P R V G Ó P S A T N Þ K J
I S R A A N I U Y A A X A B
N Í E Í J A F B A R S Þ D V
D T P Z K D E E V I A M Ó R
B R L Þ Í Ó R R Í N B E R V
E Ó I Y V Z S W N E N M Q V
R N N Þ Í A K A B A N A N I
J U Q E C M J T E S D N S Þ
U M B K E L A G R Þ Q G L F
M A P P E L S Í N A L Ó G C
G K Ó K O S H N E T A G C L
```

AVÓKADÓ	EPLI
APRÍKÓSA	FERSKJA
BER	MELÓNA
KIRSUBER	APPELSÍNA
KÓKOSHNETA	NECTARINE
HINDBERJUM	PAPAYA
GUAVA	PERA
KÍVÍ	ANANAS
SÍTRÓNU	BANANI
MANGÓ	VÍNBER

14 - Geología

```
W  G  J  A  R  Ð  S  K  J  Á  L  F  T  I
S  T  E  I  N  N  H  R  A  U  N  S  H  S
F  S  Q  V  K  V  M  I  U  K  F  Ý  Á  A
R  O  F  V  S  X  J  S  S  Ó  S  R  L  L
O  F  U  C  L  T  T  T  R  V  A  E  T
V  T  A  Q  A  S  A  A  A  A  Æ  Ð  N  R
K  A  L  S  Í  U  M  L  L  L  Ð  T  D  W
V  V  U  P  Y  A  Þ  L  A  L  I  J  I  F
A  J  A  H  N  Ð  A  A  G  C  V  K  H  N
R  I  D  K  D  T  O  R  M  H  T  U  B  J
S  B  N  H  Þ  V  X  L  I  D  E  I  Y  V
Á  L  F  U  N  N  I  A  T  E  Ð  L  T  Q
G  O  S  H  V  E  R  G  E  R  H  W  L  E
E  L  D  F  J  A  L  L  S  U  T  O  C  I
```

SÝRA
KALSÍUM
LAG
HELLI
ÁLFUNNI
KÓRALL
KRISTALLAR
KVARS
ROF
STALACTITE

STALAGMITES
GOSHVER
HRAUN
HÁLENDI
STEINN
SALT
JARÐSKJÁLFTI
ELDFJALL
SVÆÐI

15 - Plantas

```
K  Þ  G  M  Ð  O  Þ  Ð  Y  E  K  V  T  P
D  K  P  R  O  B  U  S  H  F  A  F  K  K
M  X  P  Ó  A  S  A  I  V  Y  K  T  R  É
C  M  K  T  B  S  S  M  H  Q  T  Y  Ó  G
S  K  Ó  G  U  R  A  H  B  A  U  N  N  R
Q  O  P  A  C  U  A  F  E  U  S  O  U  A
P  K  G  R  Ó  Ð  U  R  R  X  S  W  B  S
R  B  H  Ð  H  V  N  C  J  Æ  G  F  L  X
H  K  X  U  I  D  Þ  U  L  M  Ð  O  A  F
Á  B  U  R  Ð  U  R  N  H  T  L  I  Ð  X
O  O  Q  B  W  G  Ð  D  F  L  O  R  A  Þ
W  D  Z  L  K  Y  G  P  I  A  B  R  H  G
V  G  X  Ó  I  R  Y  S  N  U  D  U  V  T
L  E  I  M  H  U  P  A  N  F  P  R  K  V
```

BUSH	SM
TRÉ	BAUN
BAMBUS	IVY
BER	GRAS
SKÓGUR	LAUF
GRASAFRÆÐI	GARÐUR
KAKTUS	MOSS
ÁBURÐUR	KRÓNUBLAÐ
BLÓM	RÓT
FLORA	GRÓÐUR

16 - Suministros de Arte

```
V  P  B  L  Ý  A  N  T  A  R  E  W  G  M
A  A  S  M  P  B  U  R  S  T  A  R  L  N
T  P  T  Y  A  L  I  K  E  Ð  O  N  Æ  G
N  P  R  N  S  E  E  V  D  R  Ð  D  S  G
S  Í  O  D  T  K  U  Z  X  P  A  X  L  C
L  R  K  A  E  P  G  A  N  N  B  P  A  M
I  X  L  V  L  C  A  S  S  T  Ó  L  E  Á
T  V  E  É  L  Q  L  A  K  A  G  Z  B  L
I  A  Ð  L  I  Ð  T  K  I  Ö  V  S  O  N
R  T  U  Í  T  X  R  R  V  Y  P  J  R  I
I  U  R  M  I  U  G  Ý  Ð  E  L  U  Ð  N
G  I  R  U  R  M  X  L  E  I  R  I  N  G
S  K  N  Þ  J  O  L  Í  A  G  V  E  T  U
H  U  G  M  Y  N  D  I  R  D  X  M  I  I
```

OLÍA	SKÖPUN
AKRÝL	HUGMYNDIR
VATNSLITIR	BLÝANTAR
VATN	BORÐ
LEIR	PAPPÍR
STROKLEÐUR	PASTELLITIR
GLÆSLA	LÍM
MYNDAVÉL	MÁLNINGU
BURSTAR	STÓL
LITI	BLEK

17 - Jardín

```
V  Y  D  M  T  Q  E  T  B  Z  B  B  S  J
A  E  H  T  O  R  N  R  U  W  E  Í  L  A
G  T  R  J  Q  K  A  É  S  P  K  L  Ö  R
I  Þ  Í  Ö  T  I  A  M  H  I  K  S  N  Ð
R  D  F  R  N  A  Q  K  P  K  U  K  G  V
Ð  U  A  N  C  D  W  R  V  Ó  R  Ú  U  E
I  L  L  G  R  E  S  I  M  V  L  R  N  G
N  A  E  Q  G  R  A  S  Ð  M  Y  Í  A  U
G  C  I  U  H  E  N  G  I  R  Ú  M  N  R
G  A  R  Ð  U  R  G  R  A  S  F  L  Ö  T
A  L  D  I  N  G  A  R  Ð  U  R  Ð  Z  Þ
N  A  Þ  X  K  D  O  D  B  L  Ó  M  L  O
S  T  E  I  N  A  R  F  T  C  R  F  D  Þ
L  O  E  U  A  C  Y  Ð  F  E  K  E  Z  H
```

BUSH

TRÉ

BEKKUR

GRASFLÖT

TJÖRN

BLÓM

BÍLSKÚR

HENGIRÚM

GRAS

ALDINGARÐUR

GARÐUR

ILLGRESI

SLÖNGUNA

MOKA

HRÍFA

STEINAR

JARÐVEGUR

VERÖND

TRAMPÓLÍN

GIRÐING

18 - Países #2

```
E  C  M  F  V  E  Þ  Í  Ó  P  Í  A  A  V
F  R  A  K  K  L  A  N  D  R  R  Þ  L  N
J  P  A  K  I  S  T  A  N  N  L  U  B  M
L  A  Ú  K  R  A  Í  N  A  R  A  D  A  S
A  Q  P  G  R  I  K  K  L  A  N  D  N  Ú
O  M  N  A  N  N  R  W  P  D  D  Z  Í  D
S  Ð  R  L  N  D  Ú  D  O  X  J  C  A  A
M  E  X  Í  K  Ó  S  Ý  R  L  A  N  D  N
D  H  Q  Z  D  N  S  A  T  N  M  Ú  A  F
J  V  Y  U  S  E  L  I  Ú  T  A  G  N  S
Z  J  X  X  U  S  A  V  G  W  Í  A  M  D
S  M  P  S  I  Í  N  B  A  X  K  N  Ö  T
T  N  U  A  J  A  D  T  L  T  A  D  R  I
A  U  S  T  U  R  R  Í  K  I  W  A  K  O
```

ALBANÍA	LAOS
AUSTURRÍKI	MEXÍKÓ
DANMÖRK	PAKISTAN
EÞÍÓPÍA	PORTÚGAL
FRAKKLAND	RÚSSLAND
GRIKKLAND	SÝRLAND
INDÓNESÍA	SÚDAN
ÍRLAND	ÚKRAÍNA
JAMAÍKA	ÚGANDA
JAPAN	

19 - Tecnología

```
M  Ö  J  O  B  K  I  N  N  D  X  T  H  N
Y  R  Q  I  Z  E  H  O  I  L  B  Ö  U  E
N  Y  Q  N  F  V  N  J  Z  X  Æ  L  G  T
D  G  Ö  G  N  S  G  D  W  G  T  F  B  I
A  G  J  J  Q  R  K  D  I  Y  I  R  Ú  Ð
V  I  S  K  J  Á  R  I  H  L  K  Æ  N  B
É  J  L  K  Þ  A  B  R  L  V  L  Ð  A  L
L  E  T  U  R  G  E  R  Ð  A  Z  I  Ð  O
T  Ö  L  V  U  Á  B  X  U  F  B  R  U  G
R  A  N  N  S  Ó  K  N  I  R  B  O  R  G
S  T  A  F  R  Æ  N  C  T  A  C  C  Ð  L
R  A  U  N  V  E  R  U  L  E  G  U  R  N
M  E  T  H  V  E  I  R  A  M  Ð  N  L  Q
W  L  B  D  S  G  Ð  Y  L  B  Y  H  Y  V
```

SKRÁ	RANNSÓKNIR
BLOGG	SKILABOÐ
BÆTI	VAFRA
MYNDAVÉL	TÖLVU
BENDILL	SKJÁR
GÖGN	ÖRYGGI
STAFRÆN	HUGBÚNAÐUR
TÖLFRÆÐI	RAUNVERULEGUR
LETURGERÐ	VEIRA
NETIÐ	

20 - Números

```
F  J  Ó  R  I  R  C  S  E  X  T  Á  N  S
I  T  V  E  I  R  Þ  A  X  J  R  Ð  J  J
M  M  K  Þ  R  Í  R  U  Ð  A  L  T  Þ  Ö
M  Þ  X  I  Þ  C  E  T  O  F  S  Ð  H  Ð
T  U  N  D  H  Á  T  J  Á  N  I  E  D  X
Á  N  H  Ú  L  W  T  Á  O  X  F  M  X  F
N  Í  E  Þ  L  M  Á  N  E  V  U  V  M  J
Q  T  Ó  L  F  L  N  B  A  N  S  Y  T  Ó
S  J  J  A  E  N  T  Á  T  T  A  L  U  R
I  Á  F  A  Y  J  Í  B  P  O  H  W  T  T
U  N  E  L  P  G  U  H  V  S  Þ  P  T  Á
Ð  B  E  F  A  U  K  A  S  T  A  F  U  N
Z  D  Z  O  W  U  R  T  B  Ð  B  Z  G  V
K  K  G  N  Í  U  E  O  U  W  K  Z  U  U
```

FJÓRTÁN	TÓLF
NÚLL	TVEIR
FIMM	NÍU
FJÓRIR	ÁTTA
AUKASTAF	FIMMTÁN
NÍTJÁN	SEX
ÁTJÁN	SJÖ
SEXTÁN	ÞRETTÁN
SAUTJÁN	ÞRÍR
TÍU	TUTTUGU

21 - Mitología

```
V  Ó  S  K  R  Í  M  S  L  I  D  M  E  Q
H  I  D  E  H  E  G  Ð  U  N  Q  X  L  Y
E  V  Ð  A  R  K  E  T  Y  P  E  D  D  G
F  Ö  S  H  U  S  K  Ö  P  U  N  A  I  R
N  L  X  K  O  Ð  Þ  H  Ö  R  M  U  N  G
D  U  F  Þ  E  R  L  Y  C  Y  H  Ð  G  Z
A  N  N  J  Z  P  F  E  W  E  I  L  G  S
O  D  B  Ó  H  O  N  Ð  I  G  M  E  V  T
P  A  Þ  Ð  E  Þ  N  A  V  K  N  G  K  Y
Ö  R  E  S  T  R  Í  Ð  S  M  A  Ð  U  R
F  H  H  A  J  U  G  L  N  Ð  R  B  T  K
U  Ú  E  G  A  M  R  I  I  D  Í  O  A  U
N  S  L  A  M  U  U  J  O  W  K  Ð  C  R
D  Y  K  L  F  R  M  E  N  N  I  N  G  A
```

ARKETYPE	STRÍÐSMAÐUR
ÖFUND	HETJA
HIMNARÍKI	ÓDAUÐLEIKA
HEGÐUN	VÖLUNDARHÚS
SKÖPUN	ÞJÓÐSAGA
VIÐHORF	SKRÍMSLI
SKEPNA	DAUÐLEG
MENNING	ELDING
HÖRMUNG	ÞRUMUR
STYRKUR	HEFND

22 - Ecología

```
G X D L A X C F Þ V S E P I
R X Ý I U E M J U E A W E D
Ó B R F Ð B D B R Ð M Ð N U
Ð O A U L Ú T E R U F N Á V
U X L N I S G A K R É Á T T
R M Í Y N V Y L A F L T T S
Y K F X D Æ F Þ R A Ö T Ú J
Q M Q K I Ð L J G R G Ú R Á
G S E C R I O Ó Ö A V R A L
S J Á V A R R Ð E L V U N F
M A R S H Q A L Ð O L L E B
T E G U N D Q E F J U E K Æ
N L X V K N E G S Ð B G J R
H I W P L Ö N T U R L T F Q
```

VEÐURFAR	NÁTTÚRULEGT
SAMFÉLÖG	NÁTTÚRAN
TEGUND	MARSH
DÝRALÍF	PLÖNTUR
FLORA	AUÐLINDIR
ALÞJÓÐLEGT	ÞURRKAR
BÚSVÆÐI	SJÁLFBÆR
SJÁVAR	LIFUN
FJÖLL	GRÓÐUR

23 - Herramientas

```
S M Q H H Z L H E F T A T Ð
T M G Ö Q X W A N Ð D D A R
I T T F G U E Þ H Í S P N A
G I X Ð Y Z Q O E A F H G K
I D P I H E U A F M M K I V
C K Y N D I L L T C A A R É
T M P G Y I Ð S A P L B R L
S H R J A K O K R R L E E W
Þ C T A E N L Æ I W E L I A
S K R Ú F A Í R D B T L P M
J C Q X N X M I E F Ö D I Z
V Q F H J Ó L B N R G X X S
Ð F U D U Þ M O K A R I I Þ
W C W W R P I O Y G W S B N
```

TANGIR	HAMAR
KYNDILL	MALLET
KABEL	RAKVÉL
HNÍF	MOKA
REIPI	LÍM
STIGI	HÖFÐINGJA
HEFTA	HJÓL
HEFTARI	SKÆRI
ÖXI	SKRÚFA

24 - Casa

```
H  Æ  Ð  Q  Þ  V  C  P  S  H  F  Z  Þ  O
B  U  G  A  R  Ð  U  R  V  Á  B  L  A  X
K  Ó  R  R  Þ  K  H  A  E  A  O  X  K  Q
J  N  K  Ð  G  D  I  O  F  L  A  M  P  I
A  Ð  F  A  T  H  N  A  N  O  D  H  J  Q
L  B  Í  L  S  K  Ú  R  H  F  F  H  U  H
L  K  S  B  T  A  L  I  E  T  Y  G  Ú  T
A  Ú  P  R  U  H  F  N  R  I  V  I  G  S
R  S  E  A  R  U  P  N  B  N  E  R  L  R
I  T  G  N  T  K  F  Þ  E  U  G  Ð  U  L
Y  U  I  N  U  G  X  I  R  O  G  I  Z
X  R  L  G  P  S  P  T  G  Y  V  N  G  D
Y  F  L  M  Ð  W  H  R  I  Þ  C  G  I  Þ
G  Ó  L  F  M  O  T  T  A  Y  D  A  S  D
```

GÓLFMOTTA	BRANN
HÁALOFTINU	GARÐUR
BÓKASAFN	LAMPI
ARINN	VEGG
ELDHÚS	HÆÐ
SVEFNHERBERGI	HURÐ
STURTU	KJALLARI
KÚSTUR	ÞAK
SPEGILL	GIRÐING
BÍLSKÚR	GLUGGI

25 - Artes Visuales

```
S  Y  Z  D  Y  S  H  K  G  L  Þ  L  K  B
J  A  L  Z  W  F  Ö  E  L  J  C  I  R  L
Ó  D  M  E  X  P  G  R  Æ  Ó  H  S  Í  Ý
N  Z  A  S  I  O  G  A  S  M  T  T  A
A  W  B  U  E  R  M  M  L  M  Á  A  T  N
R  D  Q  Q  L  T  Y  I  A  Y  L  M  Ð  T
H  A  P  M  E  R  N  K  H  N  V  A  X  U
O  Y  S  V  Q  E  D  I  V  D  E  Ð  O  R
R  F  G  O  U  T  A  Ð  N  L  R  U  F  N
N  L  Þ  R  D  R  K  U  J  G  K  R  U  G
I  A  K  V  I  K  M  Y  N  D  U  V  P  M
F  K  D  T  Ð  S  K  R  Á  N  I  N  G  U
O  K  E  U  G  I  H  D  P  E  N  N  I  W
M  E  I  S  T  A  R  A  V  E  R  K  H  N
```

LEIR	LJÓSMYND
LISTAMAÐUR	BLÝANTUR
LAKK	MEISTARAVERK
GLÆSLA	KVIKMYND
VAX	SJÓNARHORNI
KERAMIK	MÁLVERK
SAMSETNINGU	PENNI
SKRÁNINGU	PORTRET
HÖGGMYND	KRÍT

26 - Escuela #2

```
K  E  N  N  A  R  I  B  V  Q  Þ  S  T  Q
V  Í  S  I  N  D  I  Ó  Æ  N  D  W  Ö  O
F  B  D  M  Q  M  W  K  X  K  I  M  L  K
U  Ó  P  C  L  O  Q  A  M  H  U  E  V  R
A  K  A  D  E  M  Í  S  K  T  N  R  U  X
B  M  P  R  S  M  D  A  G  A  T  A  L  F
L  E  P  O  T  M  H  F  Ö  T  H  S  H  D
Ý  N  Í  R  U  O  Á  N  V  I  S  T  I  R
A  N  R  K  R  Q  Q  L  S  Ð  L  P  T  Ú
N  T  V  Y  M  H  F  R  F  K  E  K  T  T
T  I  B  A  K  P  O  K  I  R  Æ  Z  M  U
U  R  L  E  I  K  I  R  R  G  Æ  R  I  A
R  K  Þ  A  M  E  N  N  T  U  N  Ð  I  O
O  R  Ð  A  B  Ó  K  G  S  W  D  H  I  U
```

AKADEMÍSKT	LESTUR
RÚTU	BÆKUR
BÓKASAFN	BÓKMENNTIR
DAGATAL	BAKPOKI
VÍSINDI	TÖLVU
ORÐABÓK	PAPPÍR
MENNTUN	KENNARI
MÁLFRÆÐI	FÖT
LEIKIR	VISTIR
BLÝANTUR	SKÆRI

27 - Selva Tropical

```
N T B Z C G F P D F V F V F
A Á O T E G U N D R A R E J
T S T W M H G J E U R U Ð Ö
H K A T G V L X K M Ð M U L
V O N S Ú F A X E S V B R B
A R I A V R R I N K E Y F R
R D C M I O A I D Ó I G A E
F Ý A F R S V N U G S G R Y
R R L É Ð K I E R U L J Ð T
G K I L I D W L R R U A B N
X M F A N Ý L K E S J D P I
T O U G G R B I I D K R K U
X S N B K L T S S O K Ý L C
C S P E N D Ý R N L A Þ C P
```

FROSKDÝR
BOTANICAL
VEÐURFAR
SAMFÉLAG
FJÖLBREYTNI
TEGUND
FRUMBYGGJA
SKORDÝR
SPENDÝR
MOSS

NÁTTÚRAN
SKÝ
FUGLAR
VARÐVEISLU
ATHVARF
VIRÐING
ENDURREISN
FRUMSKÓGUR
LIFUN

28 - Colores

```
M A G E N T A F J Ó L A W A
P F B R Ú N T U G Q P Q P P
J T L E X X N C Y L L I I P
P U Á G I Q Ð H K H Z N H E
F R R L T G L S M A P D E L
A J R B A E E I S E P I A S
B A Ó I Þ W T A N N D G G Í
U S T L R A U Ð U R A O V N
H V Í T U R T M G Þ G G Þ A
T A W A V B L E I K U R P N
G R M G L L I X J L Æ Á N
A T H S N E W Á Ð O U N W R
B L Á G R Æ N N R Z R T Y E
I A S W B E I R H D A M Y H
```

GULUR
BLÁR
AFTUR
BEIGE
HVÍTUR
BLÁGRÆNN
FUCHSIA
GRÁR
INDIGO
MAGENTA

BRÚNT
APPELSÍNA
SVART
FJÓLUBLÁR
RAUÐUR
BLEIKUR
SEPIA
GRÆNT
FJÓLA

29 - Adjetivos #1

```
B  H  E  I  Ð  A  R  L  E  G  U  R  M  H
Z  J  R  J  K  M  Y  R  K  U  R  K  I  Æ
A  O  Ö  P  S  E  F  S  I  L  Q  R  K  G
L  Ð  R  R  S  T  Ó  R  Y  D  K  D  I  T
V  R  L  S  T  N  K  C  V  H  H  Ý  L  G
A  F  Á  A  F  A  V  I  R  K  U  R  V  R
R  Q  T  K  Ð  Ð  N  Y  W  W  G  M  Æ  Í
L  I  U  L  N  A  F  Ú  O  H  Q  Æ  G  Ð
E  L  R  A  S  R  N  M  T  Q  C  T  T  A
G  M  A  U  S  L  Q  D  C  Í  S  U  G  R
T  A  L  S  I  E  O  G  I  W  M  R  K  S
U  N  G  U  R  G  Þ  U  N  G  T  A  P  T
C  D  E  L  K  T  F  Ð  G  P  G  D  J  Ó
T  I  R  F  U  L  L  K  O  M  I  N  N  R
```

ALGER
VIRKUR
METNAÐARLEGT
ILMANDI
AÐLAÐANDI
BJÖRT
GRÍÐARSTÓR
ÖRLÁTUR
STÓR
HEIÐARLEGUR

MIKILVÆGT
SAKLAUS
UNGUR
HÆGT
NÚTÍMA
MYRKUR
FULLKOMINN
ÞUNGT
ALVARLEGT
DÝRMÆTUR

30 - Familia

```
E  V  N  T  H  M  Ð  Ð  D  E  B  D  B  J
F  I  K  A  B  Ó  M  Ó  Ð  U  R  C  C  M
O  R  G  F  A  Ð  I  R  Q  R  V  J  W  Z
R  E  Æ  I  R  I  T  M  Þ  O  I  G  P  I
F  Y  I  N  N  R  J  F  R  Æ  N  K  A  B
A  S  F  G  D  M  U  T  Ð  B  G  Z  B  A
Ð  I  L  Ð  I  I  A  B  Ð  X  A  T  A  R
I  R  H  V  R  N  Þ  Ð  A  K  R  V  R  N
R  V  I  M  Y  I  K  Z  U  O  F  Í  N  Æ
S  Y  S  T  I  R  S  O  Þ  R  Þ  B  A  S
A  M  M  A  Ð  T  T  Ð  N  Y  S  U  B  K
P  Y  Y  W  I  S  Z  T  P  A  E  R  A  A
A  A  B  D  W  D  Ó  T  T  I  R  A  R  Þ
B  R  Ó  Ð  I  R  D  J  D  B  Ö  R  N  Ð
```

AMMA	EIGINMAÐUR
AFI	MÓÐUR
FORFAÐIR	BARNABARN
EIGINKONA	BARN
TVÍBURAR	BÖRN
SYSTIR	FAÐIR
BRÓÐIR	INGAR
DÓTTIR	FRÆNDI
BARNÆSKA	FRÆNKA
MÓÐIR	

31 - Disciplinas Científicas

```
L  Í  F  E  Ð  L  I  S  F  R  Æ  Ð  I  N
O  L  Í  F  F  Æ  R  A  F  R  Æ  Ð  I  Æ
V  I  S  T  F  R  Æ  Ð  I  V  V  M  S  R
E  F  T  Á  C  M  M  F  B  É  A  Á  T  I
Ð  É  E  T  L  Q  J  Y  P  L  R  L  J  N
U  L  I  A  Í  F  A  T  T  F  M  V  Ö  G
R  A  N  U  F  H  R  A  O  R  A  Í  R  B
F  G  D  G  F  Þ  Ð  Æ  K  Æ  F  S  N  S
R  S  A  A  R  A  F  R  Ð  Ð  R  I  U  A
Æ  F  F  F  Æ  V  R  Y  V  I  Æ  N  F  U
Ð  R  R  R  Ð  X  Æ  V  G  O  Ð  D  R  L
I  Æ  Æ  Æ  I  S  Ð  Z  X  F  I  I  Æ  I
Q  Ð  Ð  Ð  I  O  I  L  G  G  V  P  Ð  B
L  I  I  I  N  E  L  Ð  M  Y  X  Ð  I  Z
```

LÍFFÆRAFRÆÐI   VEÐURFRÆÐI
STJÖRNUFRÆÐI   STEINDAFRÆÐI
LÍFFRÆÐI   TAUGAFRÆÐI
VISTFRÆÐI   NÆRING
LÍFEÐLISFRÆÐI   SÁLFRÆÐI
JARÐFRÆÐI   FÉLAGSFRÆÐI
MÁLVÍSINDI   VARMAFRÆÐI
VÉLFRÆÐI

32 - Gatos

```
H N X O L F Y N D I Ð F L P
F K E F Y J A G R X H O Z E
L N B E Ð Ö C T K D U R B R
F J E I W R N U O H P V M S
H M W M H U V Z B B O I X Ó
R T O I S G X J R K J T T N
A Y Q N R U T I J H T I Þ U
T K L Ó X R D O Á M H N P L
T F E L D U R K L Ó M N Þ E
P N G I Y Y B B A H V Ð H I
S O F A R M Ð Ð Ð Á I O A K
A M X Z R T Þ Z U Ð L V L I
C Ú A S E N Z B R U L F I T
Á S T Ú Ð L E G U R T G Z D
```

ÁSTÚÐLEGUR   BRJÁLAÐUR
HALI   KLÓM
FORVITINN   PERSÓNULEIKI
SOFA   FELDUR
KLÓ   MÚS
FYNDIÐ   HRATT
GARN   VILLT
ÓHÁÐUR   FEIMIN
FJÖRUGUR

33 - Cocina

```
S  Þ  N  K  J  B  F  H  N  Í  F  A  Y  B
Q  V  Þ  A  W  O  R  F  T  H  N  Þ  U  K
N  G  U  Z  Y  L  Y  O  L  K  R  Y  D  D
G  J  W  N  I  L  S  R  S  E  R  N  X  I
B  L  K  D  T  A  T  K  S  T  X  D  J  F
G  R  I  L  L  U  I  S  P  I  N  N  A  R
S  K  B  Þ  S  Ð  Ð  K  F  L  Þ  M  F  H
K  K  C  K  V  K  X  Y  T  L  T  W  T  N
Ö  K  Á  P  A  Þ  E  A  Ð  B  O  R  Ð  A
N  C  J  L  M  T  P  I  Ð  P  F  Ð  O  U
N  F  Q  C  P  C  O  B  Ð  A  N  Z  O  S
U  H  Þ  P  U  S  H  T  M  A  T  U  R  A
U  F  L  Ð  R  U  P  P  S  K  R  I  F  T
Í  S  S  K  Á  P  U  R  A  C  Ð  I  G  H
```

KETILL	OFN
AÐ BORÐA	KÖNNU
MATUR	PINNAR
FRYSTI	GRILL
SKEIÐAR	UPPSKRIFT
AUSA	ÍSSKÁPUR
HNÍFA	BOLLA
SVUNTU	SKÁL
KRYDD	FORKS
SVAMPUR	

34 - Escuela #1

```
P W Z H H G B S M S T Ó L R
E R Y G Á A L K Ö T Ö L U R
N L Ó F D M Ý Ó P Æ S N Z G
N E Þ F E A A L P R K V C S
A H D Q G N N A U Ð E S Ö P
Ð V I N I R T S R F N W R R
L H M B S G U T D R N F T C
Æ O D Ó V F R O X Æ A A B E
R V I K E F W F E Ð R Þ Æ R
A Z Y A R Þ W A S I I P K A
Z E Z S Ð M E R K J U M U G
H T C A U S K R I F B O R Ð
S T A F R Ó F I Ð G I L K C
A B M N P A P P Í R G C L H
```

STAFRÓFIÐ   BLÝANTUR
HÁDEGISVERÐUR   BÆKUR
VINIR   MERKJUM
AÐ LÆRA   STÆRÐFRÆÐI
SKÓLASTOFA   TÖLUR
BÓKASAFN   PAPPÍR
MÖPPUR   PENNA
GAMAN   KENNARI
SKRIFBORÐ   SVÖR
PRÓF   STÓL

35 - Adjetivos #2

```
N  Ý  T  T  M  Y  X  Y  Á  D  X  A  U  S
T  Á  S  A  L  T  U  R  B  Ð  A  F  Q  Þ
S  Æ  T  U  R  Q  N  G  Y  S  K  K  Ð  Þ
T  L  O  T  T  G  J  L  R  T  H  A  S  T
E  F  L  E  Ú  D  Á  Æ  G  E  R  S  K  L
R  R  T  Ð  E  R  H  S  U  R  Q  T  A  L
K  Æ  U  L  Q  A  U  I  R  K  Þ  A  P  Ý
U  G  R  I  V  M  G  L  F  A  R  M  A  S
R  U  Þ  L  U  A  A  E  E  N  E  I  N  A
Q  R  U  E  Y  T  V  G  R  G  Y  K  D  N
Y  A  R  G  B  Í  E  U  S  Þ  T  I  I  D
G  K  R  T  R  S  R  R  K  N  T  L  U  I
M  A  P  A  X  K  T  E  U  M  U  L  W  C
N  O  J  E  K  T  U  L  R  W  R  L  P  Y
```

ÞREYTTUR	NÁTTÚRULEGT
ÆTUR	EÐLILEGT
SKAPANDI	NÝTT
LÝSANDI	STOLTUR
DRAMATÍSK	STERKAN
GLÆSILEGUR	AFKASTAMIKILL
FRÆGUR	ÁBYRGUR
FERSKUR	SALTUR
STERKUR	ÞURR
ÁHUGAVERT	

36 - Cuerpo Humano

```
H  Ö  M  Ð  H  Á  L  S  A  U  G  A  X  K
J  X  U  H  Ö  F  U  Ð  N  O  I  Z  Þ  J
A  L  N  Ú  K  Ó  T  B  D  J  E  Y  R  A
R  K  N  Ð  U  T  O  O  L  Þ  U  M  I  S
T  X  U  F  G  U  L  E  I  Ó  Þ  R  V  K
A  B  R  B  A  R  N  Y  T  W  Ð  D  J  J
I  V  O  I  W  N  B  Ð  T  A  B  W  A  C
A  S  G  S  L  F  O  U  F  U  T  R  G  H
N  B  K  F  A  J  G  H  F  H  N  É  Ð  E
E  O  C  G  F  Y  A  G  V  Ö  L  G  P  I
F  H  Ð  Y  Ö  K  K  L  A  N  B  O  A  L
K  X  Ð  J  X  R  Ð  X  Y  D  I  W  S  I
F  I  N  G  U  R  I  W  Ð  C  V  C  K  P
S  Z  Þ  X  W  W  S  N  Q  J  W  L  B  W
```

HÖKU	TUNGA
MUNNUR	HÖND
HÖFUÐ	NEF
ANDLIT	AUGA
HEILI	EYRA
OLNBOGA	HÚÐ
HJARTA	FÓTUR
HÁLS	HNÉ
FINGUR	BLÓÐ
ÖXL	ÖKKLA

37 - Ciencia

```
V  E  Ð  U  R  F  A  R  S  E  G  W  J  H
X  Y  S  O  N  Ð  N  Á  T  T  Ú  R  A  N
L  T  I  L  G  Á  T  A  E  V  E  E  T  V
C  Í  S  W  W  A  Q  T  I  T  Þ  Ð  H  Í
V  Þ  F  A  Þ  Ð  M  Ó  N  I  R  L  U  S
K  Y  S  V  M  F  H  M  E  L  Ó  I  G  I
P  N  T  V  E  E  M  H  F  R  U  S  U  N
L  G  A  P  F  R  I  C  N  A  N  F  N  D
Ö  D  Ð  Y  N  Ð  U  N  I  U  Þ  R  Ð  A
N  A  R  S  I  G  B  V  D  N  W  Æ  U  M
T  R  E  I  A  G  N  I  R  I  C  Ð  D  A
U  A  Y  U  D  Ö  L  H  V  X  R  I  B  Ð
R  F  N  A  Z  G  J  Z  A  P  A  P  Y  U
Q  L  D  L  G  N  X  P  Z  V  B  L  F  R
```

ATÓM
VÍSINDAMAÐUR
VEÐURFAR
GÖGN
ÞRÓUN
TILRAUN
EÐLISFRÆÐI
ÞYNGDARAFL
STAÐREYND
TILGÁTA

AÐFERÐ
STEINEFNI
SAMEINDIR
NÁTTÚRAN
ATHUGUN
LÍFVERU
AGNIR
PLÖNTUR
EFNI

38 - Dinosaurios

```
O  M  N  I  V  O  R  E  Y  W  S  D  F  K
Þ  B  M  G  G  R  I  M  M  U  R  V  O  J
W  R  C  Í  F  W  N  D  O  V  J  L  R  Ö
H  Á  Ó  F  M  A  M  M  O  T  H  T  S  T
K  Ð  R  U  Z  W  Q  R  O  E  T  E  Ö  Æ
W  L  T  R  N  O  L  U  X  Q  T  J  G  T
Þ  Ö  F  L  U  G  U  R  M  G  Z  U  U  A
S  K  T  E  A  V  X  Y  N  S  C  R  L  B
K  T  V  G  L  S  D  F  V  H  J  T  E  F
V  X  Æ  U  T  E  G  U  N  D  Ö  A  G  U
W  K  N  R  Þ  H  V  A  R  F  R  Æ  U  E
W  N  G  N  Ð  A  A  A  P  X  Ð  T  M  G
R  X  I  S  T  Ó  R  L  B  U  R  A  W  B
S  K  R  I  Ð  D  Ý  R  I  V  X  R  Þ  R
```

VÆNGI	MAMMOTH
KJÖTÆTA	OMNIVORE
HALI	ÖFLUGUR
HVARF	FORSÖGULEGUM
GÍFURLEGUR	BRÁÐ
TEGUND	SKRIÐDÝR
ÞRÓUN	STÆRÐ
STÓR	JÖRÐ
JURTAÆTA	GRIMMUR

39 - Restaurante #2

```
S  J  V  F  P  J  V  Y  G  V  B  Y  R  S
Ú  G  V  W  O  Y  X  Í  E  N  B  U  N  A
P  F  X  E  J  R  B  K  S  K  E  I  Ð  L
A  L  D  T  L  D  R  Y  K  K  U  R  K  A
Á  V  Ö  X  T  U  R  É  O  F  W  K  R  T
C  K  V  Ö  L  D  M  A  T  U  R  A  Y  Y
G  A  F  F  A  L  Þ  V  A  T  N  K  D  V
L  J  Ú  F  F  E  N  G  U  R  U  A  D  Þ
S  Y  Q  E  W  Z  W  E  G  G  Ð  R  K  J
H  Á  D  E  G  I  S  V  E  R  Ð  U  R  Ó
Z  A  R  E  K  L  A  T  L  C  Y  N  M  N
Z  J  D  V  Y  Y  L  I  Ó  A  C  R  I  N
F  I  S  K  U  R  T  V  R  L  A  F  N  P
O  P  X  G  R  Æ  N  M  E  T  I  M  W  F
```

VATN	ÁVÖXTUR
HÁDEGISVERÐUR	ÍS
FORRÉTTUR	EGG
DRYKKUR	KAKA
ÞJÓNN	FISKUR
KVÖLDMATUR	SALT
SKEIÐ	STÓL
LJÚFFENGUR	SÚPA
SALAT	GAFFAL
KRYDD	GRÆNMETI

40 - Profesiones #1

```
S  Ð  Þ  Q  K  L  Æ  Ð  S  K  E  R  I  S
K  Z  O  H  V  Æ  E  X  U  T  T  I  D  Á
A  F  I  F  E  K  N  W  F  L  H  Z  K  L
R  V  Í  S  I  N  D  A  M  A  Ð  U  R  F
T  L  Y  S  Ð  I  U  V  D  O  K  M  I  R
G  Ö  Þ  J  I  R  R  É  L  I  I  E  T  Æ
R  G  J  Ó  M  U  S  L  H  Ð  K  S  S  Ð
I  M  Á  M  A  M  K  V  Y  U  E  I  T  I
P  A  L  A  Ð  Þ  O  I  J  O  X  Y  J  N
I  Ð  F  Ð  U  Z  Ð  R  I  L  K  D  Ó  G
R  U  A  U  R  Y  A  K  C  Z  A  M  R  U
F  R  R  R  A  K  N  I  X  H  Q  O  I  R
Y  X  I  Y  F  T  D  D  A  N  S  A  R  I
L  Y  S  E  N  D  I  H  E  R  R  A  Ð  M
```

LÖGMAÐUR	SENDIHERRA
DANSARI	ÞJÁLFARI
VEIÐIMAÐUR	SKARTGRIPIR
VÍSINDAMAÐUR	SJÓMAÐUR
ENDURSKOÐANDI	VÉLVIRKI
LÆKNIR	SÁLFRÆÐINGUR
RITSTJÓRI	KLÆÐSKERI

41 - Vehículos

```
Ð  Ð  V  P  D  Ð  I  A  J  Z  R  V  K  D
D  C  Ö  T  A  X  I  H  M  F  Ú  K  A  S
P  Ð  R  E  I  Ð  H  J  Ó  L  T  W  F  N
P  Q  U  L  E  S  T  S  T  U  U  J  B  H
G  Q  B  J  I  W  T  J  O  G  C  Ð  Á  J
H  W  Í  G  M  B  Y  Ú  R  V  L  C  T  Ó
S  Ð  L  B  P  D  E  K  K  É  Þ  K  U  L
V  K  L  U  J  U  Ð  R  S  L  Y  Z  R  H
F  A  U  U  W  E  Ð  A  F  E  R  J  A  Ý
H  B  P  T  E  S  M  B  L  A  L  X  D  S
Z  Á  Í  Y  L  L  Q  Í  E  S  A  U  G  I
Z  T  O  L  Z  A  T  L  K  V  O  T  Q  P
Y  U  B  D  L  T  J  L  I  W  B  V  T  K
D  R  Á  T  T  A  R  V  É  L  E  C  N  H
```

SJÚKRABÍLL   VAN
RÚTU   ÞYRLA
FLUGVÉL   SKUTLA
FLEKI   MÓTOR
BÁTUR   DEKK
REIÐHJÓL   KAFBÁTUR
VÖRUBÍLL   TAXI
HJÓLHÝSI   DRÁTTARVÉL
BÍLL   LEST
FERJA

42 - Vacaciones #2

```
I  Ð  K  F  W  Q  W  L  Ð  Z  H  Á  O  W
C  Þ  T  N  A  Q  F  N  E  N  H  F  V  H
Ð  C  Í  U  X  R  V  G  Y  S  Ó  A  F  Y
Z  L  M  V  F  O  D  I  J  A  T  N  L  H
D  S  I  E  E  G  I  P  A  M  E  G  U  F
T  M  S  G  R  P  N  J  G  G  L  A  G  Ú
J  K  T  A  Ð  M  T  J  T  Ö  M  S  V  T
A  Q  O  B  X  Y  F  S  K  N  Ð  T  Ö  J
L  F  U  R  Z  N  J  J  J  G  V  A  L  Æ
D  R  R  É  T  D  Ö  Ó  A  U  X  Ð  L  Ð
W  Í  Þ  F  H  I  L  H  Ð  R  N  U  U  A
H  P  B  X  D  R  L  R  R  S  A  R  R  M
Ú  T  L  E  N  D  I  N  G  U  R  I  G  Þ
H  A  C  B  E  T  I  P  T  A  X  I  F  T
```

FLUGVÖLLUR   FJÖLL
ÚTJÆÐA   TÍMIST
TJALD   VEGABRÉF
ÁFANGASTAÐUR   FJARA
ÚTLENDINGUR   TAXI
MYNDIR   SAMGÖNGUR
HÓTEL   LEST
EYJA   FRÍ
KORT   FERÐ
SJÓ

43 - Cumpleaños

```
H  Á  T  Í  Ð  U  T  Í  M  I  I  M  P  Q
T  I  B  B  B  D  N  D  A  G  A  T  A  L
Y  L  P  O  K  J  G  G  Ð  I  U  F  A  J
G  L  A  Ð  U  R  Þ  S  U  A  W  W  R  S
Á  R  N  W  B  B  G  R  Y  R  M  Y  D  É
P  A  R  T  Í  M  I  N  N  I  N  G  A  R
V  I  S  K  I  S  C  K  Ð  L  O  G  G  S
M  I  J  H  T  C  P  L  A  G  X  J  U  T
W  M  N  K  O  L  Þ  I  Ð  M  O  Ö  R  A
A  Q  M  I  W  Ð  Z  Y  L  O  P  F  X  K
W  K  U  G  R  C  Z  H  Æ  Q  E  K  S  T
C  A  L  R  K  I  R  K  R  B  X  Z  J  X
P  K  E  R  T  I  C  B  R  A  P  L  N  V  G
H  A  M  I  N  G  J  U  S  A  M  U  R  J
```

GLAÐUR	BOÐ
VINIR	UNGUR
ÁR	PARTÍ
AÐ LÆRA	KAKA
DAGATAL	MINNINGAR
LAG	GJÖF
HÁTÍÐ	VISKI
DAGUR	SPIL
SÉRSTAKT	TÍMI
HAMINGJUSAMUR	KERTI

44 - Baile

```
X  N  W  S  L  X  Q  W  X  W  T  U  M  F
Z  I  V  D  L  Í  Þ  C  G  P  Ó  C  E  É
J  S  K  Y  M  E  K  Ð  S  U  N  U  N  L
Æ  R  R  C  M  E  O  A  V  K  L  M  N  A
X  F  I  X  U  E  N  D  M  V  I  X  I  G
U  G  I  R  E  O  B  N  W  I  S  T  N  I
H  X  C  N  M  V  E  K  I  G  T  H  G  S
Á  E  J  C  G  L  I  S  T  N  N  Á  Ð  A
S  V  I  P  M  I  K  I  L  L  G  T  L  M
K  Ó  R  E  Ó  G  R  A  F  K  L  A  P  T
Ó  K  L  A  S  S  Í  S  K  A  A  K  R  Ö
L  J  H  O  P  P  A  H  H  E  Ð  T  I  K
I  L  S  J  Ó  N  R  Æ  N  X  U  U  J  C
H  E  F  Ð  B  U  N  D  I  N  R  R  I  K
```

HÁSKÓLI	SVIPMIKILL
GLAÐUR	NÁÐ
LIST	SAMTÖK
KLASSÍSKA	TÓNLIST
KÓREÓGRAF	TAKTUR
LÍKAMI	HOPPA
MENNING	FÉLAGI
MENNINGAR	HEFÐBUNDIN
ÆFING	SJÓNRÆN

45 - Matemáticas

```
R A D Í U S Þ K Ú L A J K R
Q C L S A M H V E R F U I Ú
J B N Y Þ C J F E Þ S Ð P M
A Z R M Þ M Á J G R A A Z F
F P Y O T Ö L U R Í M T Q R
N E S E T I Í R M H H Á O Æ
A A R M K P Ð F H Y L U L Ð
B U C N S J A Ð A R I M H I
I K Y O I A L E B N Ð M O N
N A P A D N O F Q I A Á R R
D S C G H H G H G N L L N P
I T W V Þ R R U S G M I Ð K
Z A A Z X C A U R U B Z F Q
H F S Y I F M K V R S Ð W P
```

TÖLUR	RÚMFRÆÐI
HORN	SAMHLIÐA
UMMÁL	HJÁLÍÐALOGRAM
FERNINGUR	JAÐAR
AUKASTAF	RADÍUS
ÞVERMÁL	SAMHVERFU
JAFNA	ÞRÍHYRNINGUR
KÚLA	BINDI
BROT	

46 - Restaurante #1

```
O Q Þ P W P F T R M K R F Ð
P D K J Ö T Ð P B R A U Ð L
Q V A P N N D H R Q S T L Ð
O G F H C E T U R A Ó L U A
T C F O A L O U D I S K U R
O R I Z N D A G N S A F N M
T F S O V H N Í F N T E S A
U I N K J Ú K L I N G U R T
N H M Æ G S H R Á E F N I S
Þ T V T M S T E R K A N M E
W W E F T I R R É T T U R Ð
G J A L D K E R I L F R Þ I
S E R V Í E T T A S K Á L L
C I D Ð O M A Ð B O R Ð A L
```

OFNÆMI

KAFFI

GJALDKERI

KJÖT

ELDHÚS

AÐ BORÐA

MATUR

HNÍF

HRÁEFNI

MATSEÐILL

BRAUÐ

STERKAN

DISKUR

KJÚKLINGUR

EFTIRRÉTTUR

PÖNTUN

SÓSA

SERVÍETTA

SKÁL

47 - Profesiones #2

```
E  B  L  J  Ó  S  M  Y  N  D  A  R  I  F
F  L  S  K  U  R  Ð  L  Æ  K  N  I  R  L
N  A  T  T  E  I  K  N  A  R  I  E  L  U
A  Ð  R  A  N  N  S  Ó  K  N  I  R  Æ  G
F  A  C  Q  D  L  N  R  M  V  I  Y  K  M
R  M  Á  L  A  R  I  A  I  Z  M  K  N  A
Æ  A  Q  E  O  R  K  Y  R  M  Þ  O  I  Ð
Ð  Ð  E  J  T  X  X  Y  F  I  Y  B  T  U
I  U  L  Í  F  F  R  Æ  Ð  I  N  G  U  R
N  R  H  X  V  B  G  E  I  M  F  A  R  I
G  U  X  A  D  Y  Ó  F  M  S  F  T  A  Z
U  Ú  T  G  E  F  A  N  D  I  R  Z  V  B
R  R  K  X  U  I  Y  T  D  E  Ð  G  D  H
T  A  N  N  L  Æ  K  N  I  I  Z  A  O  W
```

BÓNDI
GEIMFARI
LÍFFRÆÐINGUR
SKURÐLÆKNIR
TANNLÆKNI
ÚTGEFANDI
LJÓSMYNDARI
TEIKNARI

RANNSÓKNIR
LÆKNI
BLAÐAMAÐUR
FLUGMAÐUR
MÁLARI
KENNARI
EFNAFRÆÐINGUR

48 - Senderismo

```
H  Þ  U  G  O  Y  F  U  N  D  I  N  U  M
Y  B  F  J  A  L  L  C  Á  Þ  S  L  Q  C
N  K  M  U  Þ  R  E  Y  T  T  U  R  W  N
C  F  Ú  T  J  Æ  Ð  A  T  U  P  N  P  T
V  I  L  L  T  Þ  O  U  Ú  I  J  Y  G  S
D  S  T  E  I  N  A  R  R  P  M  J  J  T
K  Ý  M  E  Y  I  Y  S  A  B  D  G  U  Í
Y  K  R  I  L  R  Y  O  N  B  J  A  R  G
V  E  Ð  U  R  F  A  R  Þ  Ð  H  Z  P  V
L  E  I  Ð  S  Ö  G  U  M  E  N  N  V  É
D  I  O  G  L  Ð  B  K  K  O  R  T  F  L
F  I  Þ  V  V  V  A  T  N  C  G  M  Q  S
M  O  S  K  Í  T  Ó  F  L  U  G  U  R  Ó
S  T  E  F  N  U  M  Ö  R  K  U  N  T  L
```

BJARG
VATN
DÝR
STÍGVÉL
ÚTJÆÐA
ÞREYTTUR
VEÐURFAR
FUNDINUM
LEIÐSÖGUMENN
KORT

FJALL
MOSKÍTÓFLUGUR
NÁTTÚRAN
STEFNUMÖRKUN
GARÐUR
ÞUNGT
STEINAR
VILLT
SÓL

49 - Naturaleza

```
K  P  F  H  H  S  E  R  E  N  E  F  V  Þ
L  V  R  I  V  E  R  O  H  X  Þ  E  U  Ð
M  A  I  C  B  Y  L  F  S  M  W  C  L  Ð
I  R  Ð  K  G  Ð  F  G  J  Ö  K  U  L  L
Þ  K  S  L  E  I  O  E  I  T  R  C  S  G
U  T  Æ  Í  S  M  B  M  G  D  Ý  R  K  B
Þ  Í  L  F  K  Ö  I  Þ  K  U  Ó  R  Ó  Y
O  S  T  L  S  R  Q  L  I  N  R  M  G  K
K  K  Ð  E  S  K  J  Ó  L  L  Q  Ð  U  C
A  U  X  G  K  B  Ý  F  L  U  G  U  R  R
P  R  A  T  Ý  W  Þ  P  Z  I  X  X  U  U
X  J  Ð  G  J  L  J  X  I  O  B  W  B  K
V  P  T  P  Q  Y  Z  F  B  B  D  D  V  H
V  I  L  L  T  R  O  P  I  C  A  L  R  F
```

BÝFLUGUR
DÝR
ARKTÍSKUR
FEGURÐ
SKÓGUR
EYÐIMÖRK
KVIK
ROF
SM
JÖKULL

ÞOKA
SKÝ
FRIÐSÆLT
SKJÓL
RIVER
VILLT
HELGIDÓMUR
SERENE
TROPICAL
LÍFLEGT

50 - Conduciendo

```
D C O G A S G X Z D M E E J
G P H A J B A A F V Ó V L B
Ö A Æ N X I S R L Ö T D D R
N E T G P H H H Ö R O V S E
G M T A G J Y G G U R Ð N M
B Z A N K O R T R B H R E S
E Í Y D F C Ð J E Í J B Y U
S H L I Q U H B G L Ó Í T R
H L V L Ð U Q L L L L L I B
S E Y E K M T H A N E S D W
I O Z S K F F S N E Y K T E
M Ó T O R E H N N T F Ú X I
H I Z U Ö R Y G G I I R V Z
K U Þ O I Ð W F Z N T S D E
```

SLYS
GATA
VÖRUBÍLL
BÍLL
ELDSNEYTI
BREMSUR
BÍLSKÚR
GAS
LEYFI

KORT
MÓTORHJÓL
MÓTOR
GANGANDI
HÆTTA
LÖGREGLAN
ÖRYGGI
UMFERÐ
GÖNG

51 - Ballet

```
Á  M  L  T  Æ  K  N  I  E  A  H  U  Z  S
H  P  J  Á  S  Ó  L  Ó  H  T  L  G  C  V
O  E  Z  S  T  J  B  H  Æ  T  J  J  J  I
R  N  N  M  S  B  U  D  F  M  Ó  O  H  P
F  B  A  L  L  E  R  Í  N  A  M  G  B  M
E  F  V  Ö  Ð  V  A  A  I  R  S  U  C  I
N  T  Ó  N  L  I  S  T  G  M  V  T  I  K
D  A  N  S  A  R  A  R  P  Ð  E  Æ  Í  I
U  L  Ó  F  A  K  L  A  P  P  I  F  T  L
R  K  Ó  R  E  Ó  G  R  A  F  T  I  A  L
L  I  S  T  R  Æ  N  N  W  M  N  N  K  I
S  T  Y  R  K  L  E  I  K  I  T  G  T  M
T  I  G  N  A  R  L  E  G  T  D  V  U  L
E  G  U  T  Ó  N  S  K  Á  L  D  Z  R  S
```

TIGNARLEGT	SVIPMIKILL
LÓFAKLAPP	LÁTBRAGÐ
LISTRÆNN	HÆFNI
ÁHORFENDUR	STYRKLEIKI
BALLERÍNA	VÖÐVA
DANSARAR	TÓNLIST
TÓNSKÁLD	HLJÓMSVEIT
KÓREÓGRAF	TAKTUR
ÆFING	SÓLÓ
STÍL	TÆKNI

52 - Aventura

Á	F	A	N	G	A	S	T	A	Ð	U	R	Ó	N
S	Ó	V	I	R	K	N	I	U	P	D	N	V	Ý
K	S	V	I	N	I	R	F	U	L	D	Á	E	T
O	I	R	A	Z	H	H	T	I	B	G	T	N	T
Ð	G	X	T	R	Æ	F	Q	T	S	L	T	J	Q
U	L	O	Æ	E	T	H	E	A	V	E	Ú	U	L
N	I	Ö	K	L	T	D	U	G	F	Ð	R	L	Þ
A	N	R	I	D	U	X	I	G	U	I	A	E	J
R	G	Y	F	M	L	J	W	Y	R	R	N	G	V
F	A	G	Æ	Ó	E	I	P	C	C	E	Ð	T	A
E	R	G	R	Ð	G	S	N	C	O	Z	K	D	N
R	M	I	I	I	T	M	F	Y	Q	U	E	K	D
Ð	I	F	E	R	Ð	A	Á	Æ	T	L	U	N	I
U	N	D	I	R	B	Ú	N	I	N	G	U	R	G

VIRKNI
GLEÐI
VINIR
FEGURÐ
ÁFANGASTAÐUR
VANDI
ELDMÓÐ
SKOÐUNARFERÐ
ÓVENJULEGT
FERÐAÁÆTLUN

NÁTTÚRAN
SIGLINGAR
NÝTT
TÆKIFÆRI
HÆTTULEGT
UNDIRBÚNINGUR
ÖRYGGI
Á ÓVART
HUGREKKI

53 - Pájaros

```
K  B  S  P  A  R  R  O  W  K  P  A  K  G
S  R  K  T  N  M  G  K  W  F  Á  V  J  Z
S  T  Á  Z  O  E  A  S  M  L  F  Þ  Ú  X
W  I  R  K  F  R  U  Y  Y  A  A  D  K  Ö
E  G  G  Ú  A  Y  K  A  M  M  G  P  L  N
C  Æ  S  P  T  R  U  U  Ö  I  A  E  I  D
H  S  X  X  L  U  R  M  R  N  U  L  N  T
A  H  E  R  O  N  R  Á  G  G  K  I  G  O
U  L  B  E  H  Q  P  F  Æ  O  U  C  U  U
K  R  Ð  L  T  Ð  Y  U  S  X  R  A  R  C
U  P  Ð  Y  H  A  P  R  X  O  D  N  T  A
R  Ö  G  X  W  X  Ð  C  D  C  N  K  W  N
D  R  G  K  Z  D  Ú  F  A  O  K  C  B  N
M  N  A  X  Þ  U  Y  S  V  A  N  U  R  C
```

STRÚTUR	SPARROW
ÖRN	HAUKUR
STORKUR	EGG
SVANUR	PÁFAGAUKUR
GAUKUR	DÚFA
KRÁKA	ÖND
FLAMINGO	PELICAN
GÆS	MÖRGÆS
HERON	KJÚKLINGUR
MÁFUR	TOUCAN

54 - Playa

```
E O K F J S E G L B Á T U R
B M O R A Ð S Y N D A J A E
M I C Í A C L H E L F Q A G
U S S K Ó B S A N D U R E N
Þ T L N D M B V S I I I Y H
T R Þ A O U Þ I Ó J H F J L
B Ö C F J A T P L R G Q A Í
L N H A N D K L Æ Ð I F A F
Á D T Ð H N S J Ó B Á T U R
R I Y O P P X F B H E Þ N R
F N B R Ð B T Q F Z L Ó N H
F N V D V H Y L Þ P C B O A
G I Þ V Q V M B R Ð Q G V F
Y D B X M L Z M Þ T Q B Ð P
```

SANDUR	AÐ SYNDA
RIF	HAF
BLÁR	REGNHLÍF
BÁTUR	SKÓ
KRABBI	SÓL
STRÖNDINNI	HANDKLÆÐI
EYJA	FRÍ
LÓN	SEGLBÁTUR
SJÓ	

55 - Surf

```
B M E I S T A R I V G W Ð J
Y Y I V S M Q O M E C C U F
L F R O Ð U K N Í Ð L I E J
G E Ð J Ð M H G Þ U H C W A
J X Ú Ð A A Q L R R X O J R
A E J F H N S Q Ó R I F L A
S J D D F N D S T Y R K U R
T E M Þ V F A I T V U G K B
Í X T T I J V G A M A N A G
L T Þ X N Ö T R M M A G I F
S R H W S L Y H A U L H S B
V E N X Æ D K A Ð S Y N D A
X M X Þ L I T F U P G Q T E
H E R Y L V A H R A Ð I Q K
```

RIF
ÍÞRÓTTAMAÐUR
MEISTARI
VEÐUR
GAMAN
FROÐU
STÍL
MAGI
EXTREME
STYRKUR

MANNFJÖLDI
AÐ SYNDA
HAF
BYLGJA
FJARA
VINSÆLL
BYRJANDI
ÚÐA
HRAÐI

56 - Geografía

```
Y  F  I  R  R  Á  Ð  A  S  V  Æ  Ð  I  L
O  A  X  V  V  J  W  J  K  Q  R  B  U  E
H  T  Ð  A  D  H  A  I  I  Z  F  M  W  N
M  E  R  I  D  I  A  N  O  R  Ð  U  R  G
C  H  I  E  Þ  G  B  R  E  I  D  D  K  D
A  Q  W  M  Q  N  F  U  I  K  T  L  O  A
L  A  N  D  U  Á  L  F  U  N  N  I  R  R
B  T  J  I  D  R  C  E  B  I  M  R  T  G
K  L  F  J  A  L  L  Y  V  O  B  Z  J  R
H  A  Þ  X  A  U  S  J  E  D  R  I  R  Á
N  S  J  Ó  X  R  U  A  S  U  L  G  I  Ð
Y  Y  T  S  V  Æ  Ð  I  T  X  P  I  V  U
Y  P  H  A  R  L  U  A  U  A  B  Y  E  W
I  O  V  H  Æ  Ð  R  Ð  R  U  O  E  R  F
```

HÆÐ	MERIDIAN
ATLAS	FJALL
BORG	HEIMUR
ÁLFUNNI	NORÐUR
JARÐAR	VESTUR
EYJA	LAND
BREIDD	SVÆÐI
LENGDARGRÁÐU	RIVER
KORT	SUÐUR
SJÓ	YFIRRÁÐASVÆÐI

57 - Deportes

```
L V C K R E I Ð H J Ó L D H
S E I A Ö Ú R S L I T A Y O
I L I Í Þ R Ó T T A H Ú S K
G I L K X X F J Z M J N A K
U Ð E P F S P U S S Þ V M Í
R C I E R I V B B Y J W T L
V W K Ð G X M Þ Þ O Á M Ö E
E M U P I O U I C D L T K I
G J R B A N L H W Ó F T I K
A T E N N I S F P M A Þ I M
R V Ö L L I N N L A R L T A
I A Ð S Y N D A V R I Z D Ð
H A F N A B O L T I N V W U
Í Þ R Ó T T A M A Ð U R C R
```

ÍÞRÓTTAMAÐUR	LEIKFIMI
DÓMARI	ÍÞRÓTTAHÚS
KÖRFUBOLTI	GOLF
HAFNABOLTI	HOKKÍ
REIÐHJÓL	LEIKUR
ÚRSLITA	LEIKMAÐUR
ÞJÁLFARI	SAMTÖK
LIÐ	AÐ SYNDA
VÖLLINN	TENNIS
SIGURVEGARI	

58 - Actividades

```
Þ  T  L  S  Á  H  U  G  A  M  Á  L  O  G
R  Í  X  E  A  R  P  W  L  E  G  Y  V  T
A  M  F  L  S  U  L  V  D  V  L  R  I  X
U  I  I  J  L  T  M  M  Á  L  V  E  R  K
T  S  A  Ó  N  I  U  A  J  I  E  Q  K  V
I  T  C  S  W  M  S  R  B  M  I  N  N  E
R  H  N  M  O  Á  H  T  V  A  Ð  T  I  I
G  L  Y  Y  P  N  X  Þ  U  K  A  H  Y  Ð
H  Æ  F  N  I  Æ  K  E  R  A  M  I  K  I
E  G  Q  D  B  G  A  L  D  U  R  Þ  S  Z
U  A  O  U  T  J  X  V  L  E  I  K  I  R
N  Y  T  N  H  A  N  D  V  E  R  K  H  B
G  A  R  Ð  Y  R  K  J  A  S  P  U  D  Þ
S  L  Ö  K  U  N  A  L  A  S  Y  E  L  H
```

VIRKNI	LEIKIR
LIST	LESTUR
HANDVERK	GALDUR
VEIÐA	TÍMIST
KERAMIK	VEIÐI
SAUMA	MÁLVERK
LJÓSMYNDUN	ÁNÆGJA
HÆFNI	SLÖKUN
ÁHUGAMÁL	ÞRAUTIR
GARÐYRKJA	

59 - Verduras

```
G U L R Ó T G Q S A U G O S
H G O C S J Þ H V R C R J P
G Ú R K U M F V E T E A Ð E
Z S A L A T Þ Í P I N S S R
H P H V D P S T P H G K S G
S Í C V O X E L I O I E T I
E N Æ P A H G A R K F R E L
L A U K U R G U C E E Þ I K
L T R Æ Ð J A K P T R J N Á
E G Ó D T Z L U D M W D S L
R B G M Ð C D R O I K G E Ó
Í R O V A V I J G D K Q L L
M B Z D U T N S I F V O J Í
J K A R T Ö F L U I V Ð A F
```

HVÍTLAUKUR   ENGIFER
ARTIHOKE   NÆPA
SELLERÍ   ÓLÍF
EGGALDIN   KARTÖFLU
SPERGILKÁL   GÚRKU
GRASKER   STEINSELJA
LAUKUR   RÆÐJA
SALAT   SVEPPIR
SPÍNAT   TÓMAT
PEA   GULRÓT

60 - Instrumentos Musicales

```
M C M M T E G T B U M B U R
S N A U L R O R Á V M S Q Q
A T R N Ð B N O S C V E A F
F I I N K F G M Ú Þ M L K P
A M M H S L W M N M H L J F
G A B Ö A A A A P A Ó Q N
O N A R B U S R R Í R E W W
T D R P N T J A I A P Ó B Ó
T Ó B U F U A Z X N A Q V O
S L A G V E R K B Ó E Ð Þ F
G Í T A R R M L A N F T I I
F N L R F Z T N N C E Ó T Ð
R Z B L R Q O Q J Q N H N L
T R O M P E T A Ó I I K B U
```

MUNNHÖRPU	ÓBÓ
HARPA	BUMBUR
BANJÓ	SLAGVERK
KLARINETT	PÍANÓ
FAGOTT	SAXÓFÓN
FLAUTU	TROMMA
GONG	BÁSÚNA
GÍTAR	TROMPET
MANDÓLÍN	FIÐLU
MARIMBA	SELLÓ

61 - Escalada

```
L A N D S L A G I A A M F L
H H I Q R S H E L L I E O Í
T G F Y L T J J Þ O C I R K
S D Ð C B Í Á V O M O Ð V A
S T Ö Ð U G L E I K I S I M
Þ I Y T Z V M H W V J L T L
R K O R T É U D A S V U N E
Ö Þ M F K L R Q F N Z M I G
N J G V Q U G G L G S U B T
G P S T J Ó R N M Á L K R Q
T G Ö N G U F E R Ð I R A C
S É R F R Æ Ð I N G U R J X
L E I Ð S Ö G U M E N N S W
Y M H Æ Ð Þ J Á L F U N X Q
```

HÆÐ	LÍKAMLEGT
STJÓRNMÁL	ÞJÁLFUN
STÍGVÉL	STYRKUR
HJÁLMUR	HANSKA
HELLI	LEIÐSÖGUMENN
FORVITNI	MEIÐSLUM
STÖÐUGLEIKI	KORT
ÞRÖNGT	GÖNGUFERÐIR
SÉRFRÆÐINGUR	LANDSLAGI

62 - Mascotas

```
S  K  J  A  L  D  B  A  K  A  P  K  Ð  D
G  K  C  Ð  E  S  Þ  N  R  S  Á  Ö  A  Ý
H  A  L  I  P  S  T  M  A  E  F  T  V  R
U  N  T  Æ  B  L  E  K  G  K  A  T  A  A
N  Í  O  A  R  J  G  C  A  W  G  U  T  L
D  N  Z  Þ  U  X  S  Q  X  M  A  R  N  Æ
U  A  Ð  D  G  M  Q  O  Q  F  U  P  N  K
R  M  F  O  C  M  U  R  T  Y  K  D  I  N
H  V  O  L  P  U  R  R  H  M  U  U  C  I
V  V  M  A  T  U  R  G  Z  A  R  E  B  R
C  F  Y  S  M  E  J  E  Ð  L  A  Þ  O  H
W  U  F  D  Z  Ú  F  I  S  K  U  R  D  Y
Þ  Z  Y  H  A  M  S  T  U  R  Q  G  J  I
K  E  T  T  L  I  N  G  U  R  K  Ý  R  X
```

VATN	KÖTTUR
GEIT	HAMSTUR
HVOLPUR	EÐLA
HALI	PÁFAGAUKUR
KRAGA	HUNDUR
MATUR	FISKUR
KANÍNA	MÚS
TAUMUR	SKJALDBAKA
KLÆR	KÝR
KETTLINGUR	DÝRALÆKNIR

63 - Formas

```
S T R O K K A A I G O U P H
K P Z Ð F E R N I N G U R R
F E O B M S C D F C B D I I
E H I R P Ý R A M Í D A S N
R C Þ L B B R Ú N I R K M G
I K Ú L A A X D X Q H Y Y Q
L R E W P L U Z Þ U L B G R
L O T E N I N G U R I O K S
V H R Ð Ð F W J A W Ð D F L
S P O R Ö S K J U L A G A Í
T M A R G H Y R N I N G Y N
H S N W N H Y P E R B O L A
R É T T H Y R N I N G U R T
Þ R Í H Y R N I N G U R Þ Q
```

ARC	HORN
BRÚNIR	HYPERBOLA
STROKKA	HLIÐ
HRING	LÍNA
KEILA	SPORÖSKJULAGA
FERNINGUR	PÝRAMÍDA
TENINGUR	MARGHYRNING
FERILL	PRISM
SPORBAUG	RÉTTHYRNINGUR
KÚLA	ÞRÍHYRNINGUR

64 - Flores

```
L A B I I P V X Á H L W C Ð
I Q J O R Y E K S I O Í A I
L R Ó S H Q M R T B F M L D
Y Y R Z C A Ð Ó R I N A E A
Z U P V Ö N D N Í S A G N I
J N A E C Q O U Ð C R N D S
A I Ð T O G A B U U B O U Y
S M Á R I N G L B S L L L O
M P O P P Y Y A L Ó Ó I A R
I Þ X V K F K Ð Ó L M A G C
N T Ú L I P A N M B Z O Ð H
E W S Q L F Í F I L L W B I
S X I J A C Þ B Þ Ó H P F D
H V D Þ X I Y T H M O P D L
```

POPPY	MAGNOLIA
CALENDULA	DAISY
FÍFILL	ORCHID
TOGA	ÁSTRÍÐUBLÓM
SÓLBLÓM	PEONY
HIBISCUS	KRÓNUBLAÐ
JASMINE	VÖND
LOFNARBLÓM	RÓS
LÍLA	SMÁRI
LILY	TÚLIPAN

65 - Astronomía

```
E  Þ  O  B  S  E  R  V  A  T  O  R  Y  G
L  Y  V  R  S  M  Á  S  T  I  R  N  I  E
D  N  Z  E  A  V  K  J  M  N  Þ  U  A  I
F  G  Þ  I  L  G  Þ  Ó  Y  Z  G  M  D  S
L  D  O  K  H  E  H  N  R  C  I  X  S  L
A  A  K  I  E  I  Q  A  K  J  T  P  U  U
U  R  K  S  I  M  W  U  V  S  B  W  B  N
G  A  A  T  M  F  M  K  I  T  U  N  G  L
Q  F  G  J  U  A  J  I  N  N  H  H  V  R
J  L  Þ  A  R  R  C  O  S  M  O  S  E  G
Ö  G  E  R  V  I  T  U  N  G  L  X  A  I
R  S  U  N  L  O  F  T  S  T  E  I  N  I
Ð  V  G  A  L  A  X  Y  H  I  M  I  N  N
S  R  S  T  J  Ö  R  N  U  M  E  R  K  I
```

SMÁSTIRNI
GEIMFARI
HIMINN
ELDFLAUG
STJÖRNUMERKI
COSMOS
MYRKVI
EQUINOX
GALAXY
ÞYNGDARAFL

TUNGL
LOFTSTEIN
ÞOKKA
OBSERVATORY
REIKISTJARNA
GEISLUN
GERVITUNGL
SJÓNAUKI
JÖRÐ
ALHEIMUR

66 - Tiempo

```
H K L U K K U S T U N D U Y
M Á N U Ð U R N Z R Ö L D O
E R D L O U V M O R G U N N
D A Ð E Í Ð I Í O F G K Ú Z
A T M T G C K N U R B I N B
G U T R Æ I A Ú E A N X A V
A G G U R N Ó T T M B K Y K
T U C N Á R M A O T N V E J
A R Á D A G U R A Í B S P U
L A Z R S B Z U Y Ð Í D A G
Á C H Þ L G L O Z Q B U S S
Ð N X K F E P I F Þ N J T G
U H D A Ð S G D K L U K K A
R V T M I Z N A Ð N H A Y X
```

NÚNA	Í DAG
ÁÐUR	MORGUNN
ÁRLEGA	HÁDEGI
ÁR	MÁNUÐUR
Í GÆR	MÍNÚTA
DAGATAL	AUGNABLIK
ÁRATUGUR	NÓTT
DAGUR	KLUKKA
FRAMTÍÐ	VIKA
KLUKKUSTUND	ÖLD

67 - Paisajes

```
Í  Y  A  L  U  D  F  W  B  L  U  Y  S  S
U  S  V  P  W  B  J  W  Z  R  A  T  J  A
T  R  B  F  Þ  N  M  V  E  H  V  I  Ó  B
V  U  Y  E  G  O  S  H  V  E  R  I  G  Z
Z  S  N  R  R  F  O  S  S  Y  I  S  N  F
H  N  O  D  L  G  K  X  S  Ð  V  K  I  J
M  H  V  Á  R  Ó  S  P  T  I  E  A  Z  A
Ý  F  E  F  J  A  R  A  Ö  M  R  G  I  L
R  A  J  Ö  K  U  L  L  Ð  Ö  H  I  K  L
I  D  A  L  U  R  Ó  J  U  R  E  Y  J  A
G  B  Q  O  M  L  N  A  V  K  L  T  H  C
V  R  M  E  L  D  F  J  A  L  L  O  J  S
Q  P  K  M  O  W  X  P  T  Þ  I  M  A  E
Þ  Þ  P  Þ  D  E  D  T  N  G  A  V  F  L
```

FOSS	SJÓ
HELLI	FJALL
EYÐIMÖRK	VIN
ÁRÓS	MÝRI
GOSHVER	SKAGI
JÖKULL	FJARA
ÍSBERG	RIVER
EYJA	TUNDRA
STÖÐUVATN	DALUR
LÓN	ELDFJALL

68 - Días y Meses

```
L D J F S J Ð F A A Ð F N S
I Ð A I U Ú P Q Q M P D C H
S Y N M E N C O S I Ð R O D
U V Ú M W Í U F C Ð L C Í Þ
N Ð A T C K M R E V I K A L
N D R U E B F Á R I J H Q N
U A Y D J Z L G N K Q F A Ó
D G O A J D V Ú F U F V F V
A A K G Z Ú C S C D Ð J E E
G T T U P L L T O A T U B M
U A Ó R Þ Þ W Í F G V E R B
R L B O I Ð Y T Y U R M Ú E
J S E P T E M B E R T I A R
H P R M Á N U D A G U R R V
```

APRÍL	JÚNÍ
ÁGÚST	MÁNUDAGUR
ÁR	MÁNUÐUR
DAGATAL	MIÐVIKUDAGUR
SUNNUDAGUR	NÓVEMBER
JANÚAR	OKTÓBER
FEBRÚAR	VIKA
FIMMTUDAGUR	SEPTEMBER
JÚLÍ	

69 - Chocolate

```
H  H  G  Ð  D  V  T  J  H  Y  O  Þ  Z  L
R  I  A  M  A  X  S  B  N  S  V  H  U  J
J  L  T  N  N  M  Ð  I  E  W  K  Y  Q  K
B  M  K  A  D  U  F  T  T  K  A  K  Ó  Ó
R  U  Y  Ð  E  V  V  U  U  R  Q  S  K
A  R  Þ  B  F  I  E  R  M  B  A  C  Æ  O
G  V  E  O  N  P  N  R  S  U  M  S  T  S
Ð  Y  U  R  I  H  O  I  K  F  E  R  U  H
R  Y  U  Ð  G  Æ  Ð  I  N  Y  L  K  R  N
C  F  R  A  M  A  N  D  I  G  L  T  A  E
L  J  Ú  F  F  E  N  G  U  R  A  R  I  T
S  Y  K  U  R  Þ  Ð  F  P  F  N  R  Z  A
A  N  D  O  X  U  N  A  R  E  F  N  I  C
U  P  P  Á  H  A  L  D  S  T  F  G  W  D
```

BITUR	KÓKOSHNETA
ANDOXUNAREFNI	AÐ BORÐA
ILMUR	LJÚFFENGUR
HANDVERK	SÆTUR
SYKUR	FRAMANDI
HNETUM	UPPÁHALDS
KAKÓ	BRAGÐ
GÆÐI	EFNI
HITAEININGAR	DUFT
KARAMELLA	

70 - Barbacoas

```
N  B  Ö  R  N  F  N  M  Q  P  P  S  L  E
W  H  P  Þ  U  T  K  J  P  Y  I  E  C  D
H  U  U  P  U  S  A  L  Ö  T  K  P  M  J
E  N  K  V  Ö  L  D  M  A  T  U  R  A  Y
I  G  Í  X  E  E  G  L  A  U  K  M  C  R
T  U  W  F  Z  I  R  Á  V  Ö  X  T  U  R
T  R  P  C  A  K  I  P  G  R  H  O  B  E
Ó  S  C  N  X  I  L  C  M  T  S  F  O  Þ
N  O  X  L  W  R  L  T  Ó  M  A  T  A  R
L  L  S  F  J  Ö  L  S  K  Y  L  D  A  Ð
I  G  Ó  S  G  R  Æ  N  M  E  T  I  C  P
S  V  S  K  J  Ú  K  L  I  N  G  U  R  Y
T  O  A  B  U  S  S  U  M  A  R  Ð  L  N
H  Á  D  E  G  I  S  V  E  R  Ð  U  R  S
```

HÁDEGISVERÐUR	TÓNLIST
HEITT	BÖRN
LAUK	GRILL
KVÖLDMATUR	PIPAR
HNÍFA	KJÚKLINGUR
SALÖT	SALT
FJÖLSKYLDA	SÓSA
ÁVÖXTUR	TÓMATAR
HUNGUR	SUMAR
LEIKIR	GRÆNMETI

71 - Ropa

```
F  B  U  X  U  R  P  L  D  Z  G  Z  Z  N
W  P  S  Z  Q  O  I  U  Ð  O  C  J  N  Á
S  G  R  K  J  Ó  L  L  I  D  H  F  M  T
T  R  E  F  I  L  S  V  U  N  T  U  Q  T
J  X  D  V  O  X  K  K  C  K  Á  P  U  F
H  A  T  T  U  R  A  U  Ó  E  F  F  P  Ö
Á  B  K  A  B  J  R  B  L  Ú  S  S  A  T
L  A  E  K  X  D  T  Z  Z  P  K  Y  S  G
S  R  P  L  I  Z  G  Ð  Þ  E  Ó  X  Þ  G
M  M  D  V  T  G  R  S  K  Y  R  T  A  C
E  B  U  R  K  I  I  Ð  D  S  N  Í  I  Q
N  A  Z  W  N  T  P  L  H  A  N  S  K  A
C  N  Þ  E  J  Y  I  S  D  I  C  K  E  K
S  D  B  I  Z  N  R  I  C  U  K  A  X  F
```

KÁPU   SKARTGRIPIR
BLÚSSA   TÍSKA
TREFIL   BUXUR
SKYRTA   NÁTTFÖT
JAKKI   ARMBAND
BELTI   SKÓ
HÁLSMEN   HATTUR
SVUNTU   PEYSA
PILS   KJÓLL
HANSKA   SKÓR

72 - Meditación

```
Þ  R  W  S  A  M  Ú  Ð  Ö  Þ  G  H  S  B
Ö  A  M  J  J  A  W  W  N  E  Ó  U  A  L
G  T  K  Ð  T  Ó  G  U  D  K  Ð  G  M  R
N  H  S  K  I  A  N  O  U  R  V  S  Þ  H
U  Y  U  B  L  F  T  A  N  T  I  A  Y  A
S  G  S  V  F  Æ  J  H  R  Q  L  N  K  F
K  L  A  Q  I  I  T  H  U  H  D  I  K  R
Ý  I  M  Z  N  O  K  I  X  G  O  R  I  I
R  D  T  A  N  D  L  E  G  T  U  R  V  K
L  V  Ö  L  I  F  R  I  Ð  U  R  N  N  A
E  M  K  G  N  Á  T  T  Ú  R  A  N  J  I
I  M  M  E  G  H  A  M  I  N  G  J  A  O
K  R  E  S  A  T  Ó  N  L  I  S  T  D  N
I  R  Y  I  R  L  O  G  N  H  U  G  A  J
```

SAMÞYKKI	HUGA
ATHYGLI	SAMTÖK
GÓÐVILD	TÓNLIST
LOGN	NÁTTÚRAN
SKÝRLEIKI	ATHUGUN
SAMÚÐ	FRIÐUR
TILFINNINGAR	HUGSANIR
HAMINGJA	SJÓNARHORNI
ÞAKKLÆTI	ÖNDUN
ANDLEGT	ÞÖGN

73 - Comedia

```
H G Y L E I K K O N A T L O
L W U E G N Ð K I C Á R Ó O
Á X M I Y E Ð F Q W H Ú F E
T J K K W Ð I Y Ð M O Ð A S
U O B H B R A N D A R A K K
R Ð Y Ú Ú Q G D I K F W L O
Ð H S S I M P I X O E S A P
D Y N N Z I O Ð C Þ N J P S
S Þ Ð J L G H R U L D Ó P T
G A M A N Q M N S P U N I Æ
E S C L T E G U N D R V D L
W J O L E I K A R I J A F I
S V I P M I K I L L I R X N
H C U H E L F C Ð A W P I G
```

LEIKARI	HÚMOR
LEIKKONA	SPUNI
LÓFAKLAPP	SNJALL
ÁHORFENDUR	SKOPSTÆLING
BRANDARA	TRÚÐA
GAMAN	HLÁTUR
SVIPMIKILL	LEIKHÚS
TEGUND	SJÓNVARP
FYNDIÐ	

74 - Libros

```
V I Ð E I G A N D I S K W D
J O R A F R U M L E G Q I M
O E I Q F Þ M Y J U P R S T
Z U T M D M T K Ó K O A Y S
S W E T A L S Í Ð A R B Æ Ö
M W S Ö G U L E G T Ð G V G
G B Ó K M E N N T A S H I U
R Ö Ð R Á S K R I F A Ð N M
T V Í E Ð L I L J G F L T A
Þ I Ð M F B D S U Y N P Ý Ð
C G G A M A N S A M U R R U
S A M H E N G I A X J P I R
H Ö F U N D U R I G S A G A
D H Þ M N A R L E S A N D I
```

HÖFUNDUR	LESANDI
ÆVINTÝRI	BÓKMENNTA
SAFN	SÖGUMAÐUR
SAMHENGI	SKÁLDSAGA
TVÍEÐLI	ORÐ
SKRIFAÐ	SÍÐA
SAGA	VIÐEIGANDI
SÖGULEGT	LJÓÐ
GAMANSAMUR	RÖÐ
FRUMLEG	

75 - Nutrición

```
Þ  V  A  F  B  W  G  K  T  I  W  G  P  M
Y  A  G  Æ  Ð  I  R  B  O  V  N  E  X  E
Þ  Y  N  G  D  Æ  T  U  R  R  K  R  K  L
R  Ó  L  E  G  U  R  U  A  K  N  J  N  T
P  I  S  G  K  M  K  F  R  O  H  U  E  I
R  X  V  B  R  A  G  Ð  K  L  E  N  I  N
Ó  Þ  Í  M  Q  T  K  F  G  V  I  E  T  G
T  M  T  A  G  A  T  Q  S  E  L  Q  U  J
E  M  A  T  A  R  L  Y  S  T  S  Ð  R  I
I  S  M  Q  Y  Æ  L  C  Ó  N  A  V  E  Y
N  X  Í  Þ  P  Ð  G  Þ  S  I  L  X  F  C
M  Q  N  Æ  R  I  N  G  A  R  E  F  N  I
H  E  I  L  B  R  I  G  Ð  U  R  T  I  A
H  I  T  A  E  I  N  I  N  G  A  R  F  T
```

BITUR	GERJUN
MATARLYST	NÆRINGAREFNI
GÆÐI	ÞYNGD
HITAEININGAR	PRÓTEIN
KOLVETNI	BRAGÐ
KORN	SÓSA
ÆTUR	HEILSA
MATARÆÐI	HEILBRIGÐUR
MELTING	EITUREFNI
RÓLEGUR	VÍTAMÍN

76 - Edificios

```
W  D  E  Y  B  O  K  F  P  W  X  R  S  B
H  Á  S  K  Ó  L  I  L  G  X  M  G  J  B
L  E  I  K  H  Ú  S  Z  E  U  Í  B  Ú  Ð
I  P  Y  Ð  H  Ó  T  E  L  F  Y  Í  K  O
V  Ð  V  H  Ú  L  D  Y  S  T  A  L  R  B
E  P  R  R  S  G  Ö  Þ  W  D  M  S  A  S
R  W  T  R  Ð  J  O  Ð  Z  Z  M  K  H  E
K  A  S  T  A  L  I  S  U  C  O  Ú  Ú  R
S  M  O  U  S  A  F  N  K  B  Æ  R  S  V
M  N  X  R  C  M  T  Þ  A  Ó  B  H  T  A
I  S  E  N  D  I  R  Á  Ð  K  L  D  F  T
Ð  M  A  T  V  Ö  R  U  B  Ú  Ð  I  M  O
J  K  V  I  K  M  Y  N  D  A  H  Ú  S  R
U  V  Ö  L  L  I  N  N  P  D  A  U  Y  Y
```

ÍBÚÐ	HLÖÐU
KLEFA	BÆR
HÚS	SJÚKRAHÚS
KASTALI	HÓTEL
KVIKMYNDAHÚS	SAFN
SENDIRÁÐ	OBSERVATORY
SKÓLI	MATVÖRUBÚÐ
VÖLLINN	LEIKHÚS
VERKSMIÐJU	TURN
BÍLSKÚR	HÁSKÓLI

77 - Océano

```
P K O G B V S O F I S K U R
D V T L X Á S A O C J E S H
H Þ Ú Z S O T D L A Á W V V
Á Ö N M E S O U Z T V B A A
K R F A C T R E R U A Y M L
A U I R G R M L Æ K R R P U
R N S G U A U Ð K O F I U R
L G K L K N R I J L Ö F R G
O A U Y I Z G D A K L Á L L
K Q R T L G D U I R L R Z X
Y K X T Z U K Ó R A L L S N
D K R A B B I R Z B H X B T
W D Ð S K J A L D B A K A T
Q D A V X E G E L I O H C W
```

ÞÖRUNGA   SVAMPUR
ÁLL   SJÁVARFÖLL
RIF   MARGLYTTA
TÚNFISKUR   OSTRA
HVALUR   FISKUR
BÁTUR   KOLKRABBI
RÆKJA   SALT
KRABBI   HÁKARL
KÓRALL   STORMUR
HÖFRUNGUR   SKJALDBAKA

78 - Ciudad

```
B  Ó  K  A  B  Ú  Ð  G  R  A  F  B  B  M
F  Ó  V  Ö  L  L  I  N  N  L  K  K  A  A
L  S  K  S  K  Ó  L  I  J  H  Y  X  N  R
U  N  V  A  A  G  A  L  L  E  R  Í  K  K
G  Y  I  A  S  B  A  K  A  R  Í  J  I  A
V  R  K  B  M  A  T  V  Ö  R  U  B  Ú  Ð
Ö  T  M  V  L  G  F  B  B  N  B  I  Ð  U
L  I  Y  A  E  Ó  M  N  S  A  F  N  T  R
L  S  N  A  W  R  M  L  E  I  K  H  Ú  S
U  T  D  P  C  E  S  A  W  N  P  Ó  O  Ð
R  O  A  Ó  P  Þ  J  L  B  P  C  T  Y  M
C  F  H  T  Q  X  F  W  U  Ú  W  E  B  L
P  A  Ú  E  Ð  V  X  R  R  N  Ð  L  M  Ð
H  Á  S  K  Ó  L  I  O  W  D  O  F  B  T
```

FLUGVÖLLUR   BÓKABÚÐ
BANKI   MARKAÐUR
BÓKASAFN   SAFN
KVIKMYNDAHÚS   BAKARÍ
SKÓLI   SNYRTISTOFA
VÖLLINN   MATVÖRUBÚÐ
APÓTEK   LEIKHÚS
BLÓMABÚÐ   VERSLUN
GALLERÍ   HÁSKÓLI
HÓTEL

79 - Conservación

```
U  M  H  V  E  R  F  I  S  I  H  A  M  D
I  Z  G  R  X  G  E  P  V  P  R  B  S  H
M  I  N  N  K  A  R  T  A  V  I  R  J  U
B  M  E  N  G  U  N  Æ  R  I  N  E  Á  E
M  Ú  N  V  U  V  E  X  N  S  G  Y  L  N
D  V  S  Þ  Þ  A  W  J  E  T  R  T  F  D
P  O  J  V  V  T  P  T  I  K  Á  I  B  U
M  T  Ð  E  Æ  N  D  H  R  E  S  N  Æ  R
Y  E  M  C  N  Ð  Ð  Q  I  R  A  G  R  V
G  O  N  S  K  D  I  L  E  F  U  A  D  I
X  Y  Ð  N  U  Þ  R  Þ  X  I  A  R  U  N
A  V  S  J  T  V  E  Ð  U  R  F  A  R  N
W  Ð  Q  B  D  U  L  Í  F  R  Æ  N  T  A
H  E  I  L  S  A  N  J  S  F  N  K  D  T
```

VATN	BÚSVÆÐI
UMHVERFIS	LÍFRÆNT
BREYTINGAR	VARNEIRI
HRINGRÁS	ENDURVINNA
VEÐURFAR	MINNKA
MENGUN	HEILSA
VISTKERFI	SJÁLFBÆR
MENNTUN	GRÆNT

80 - Exploración

```
T  A  Þ  J  C  E  H  U  G  R  E  K  K  I
U  M  Ð  G  T  E  F  P  V  Ú  A  Þ  B  M
N  E  L  L  H  O  E  P  I  M  Z  A  H  U
G  N  A  M  Æ  H  R  G  R  W  V  W  Y  D
U  N  N  Æ  T  R  Ð  Ö  K  X  P  H  P  Ý
M  I  D  Ð  T  F  A  T  N  X  I  E  Ð  R
Á  N  S  I  U  Z  S  V  I  L  L  T  N  T
L  G  L  P  L  F  T  U  F  A  L  T  V  Ð
E  U  A  R  E  V  J  N  Ý  T  T  C  V  H
I  K  G  S  G  N  F  A  X  A  P  J  B  M
T  M  I  O  U  Q  N  G  R  S  U  C  M  A
Z  S  O  T  R  U  E  A  Z  L  Q  H  M  P
Á  K  V  Ö  R  Ð  U  N  N  Q  Æ  W  Þ  O
A  Ð  J  V  Ó  Þ  E  K  K  T  V  G  Þ  F
```

VIRKNI	FJARLÆG
MÆÐI	SPENNAN
DÝR	RÚM
AÐ LÆRA	TUNGUMÁL
LEIT	NÝTT
HUGREKKI	HÆTTULEGUR
MENNINGU	VILLT
ÓÞEKKT	LANDSLAGI
UPPGÖTVUN	FERÐAST
ÁKVÖRÐUN	

81 - Campeonato

```
T  W  F  Ú  R  S  L  I  T  J  X  A  S  H
T  Z  R  Þ  R  E  K  S  T  I  Q  D  T  A
Z  A  A  J  K  S  D  D  V  Y  Þ  L  E  J
B  J  M  Á  Q  H  L  E  O  I  C  N  F  M
F  Z  M  L  Y  Þ  I  I  U  H  T  F  N  Ó
P  T  I  F  N  C  Ð  L  T  V  E  I  U  T
U  M  S  A  C  Y  A  D  T  A  E  M  Z  C
M  C  T  R  W  L  G  Ó  Z  T  R  D  P  A
E  D  A  I  L  G  I  M  A  N  T  S  N  O
D  F  Ð  Ð  R  W  G  A  J  I  K  K  M  N
A  W  A  Þ  I  D  Q  R  A  N  B  I  R  T
L  E  I  K  I  R  U  I  G  G  Ð  L  C  D
Í  Þ  R  Ó  T  T  I  R  S  I  G  U  R  X
A  R  M  E  I  S  T  A  R  I  E  G  M  X
```

ÚRSLITA	DEILD
MEISTARI	MEDALÍA
ÍÞRÓTTIR	HVATNING
ÞJÁLFARI	FRAMMISTAÐA
LIÐ	ÞREK
STEFNU	MÓT
ÚRSLIT	SVITI
LEIKIR	SIGUR
DÓMARI	

82 - Actividades y Ocio

```
F  Ó  T  B  O  L  T  I  B  L  A  K  G  G
H  N  E  F  A  L  E  I  K  A  R  Z  Ö  A
F  A  F  S  L  A  P  P  A  N  D  I  N  R
U  E  F  K  Á  H  U  G  A  M  Á  L  G  Ð
R  N  R  N  Ö  E  X  I  I  P  Z  F  U  Y
W  Þ  O  Ð  A  F  Q  Q  Y  X  T  Ð  F  R
Ð  C  Y  Ð  A  B  U  X  P  O  E  J  E  K
M  M  E  Q  T  S  O  N  R  R  N  K  R  J
Á  Z  C  R  Y  G  T  L  Ú  E  N  S  Ð  A
L  V  Q  F  M  E  Þ  I  T  C  I  U  I  H
V  E  R  S  L  A  U  S  J  I  S  N  R  Z
E  I  J  E  V  D  B  T  Æ  B  H  D  M  Ð
R  Ð  G  O  L  F  D  G  Ð  U  P  P  B  B
K  I  Y  C  K  A  P  P  A  K  S  T  U  R
```

ÁHUGAMÁL	GARÐYRKJA
LIST	SUND
HAFNABOLTI	VEIÐI
HNEFALEIKAR	MÁLVERK
KÖFUN	AFSLAPPANDI
ÚTJÆÐA	GÖNGUFERÐIR
KAPPAKSTUR	TENNIS
VERSLA	FERÐAST
FÓTBOLTI	BLAK
GOLF	

83 - Comida #1

```
T  S  Ú  P  A  W  B  Z  Þ  T  Ð  F  Q  S
X  Ú  M  J  Ó  L  K  P  E  G  D  Þ  Z  Y
M  Y  N  T  U  I  J  R  I  R  F  N  U  K
F  Y  B  F  Z  O  Ö  S  G  I  V  A  F  U
H  B  C  X  I  T  T  B  A  S  I  L  K  R
X  V  O  S  H  S  E  D  Y  E  T  P  A  L
R  Ð  Í  Í  R  A  K  X  L  G  Q  E  N  A
S  N  G  T  D  L  Y  U  E  R  G  R  I  U
H  W  J  R  L  T  D  T  R  M  O  A  L  K
F  V  Q  Ó  J  A  R  Ð  A  R  B  E  R  U
S  P  Í  N  A  T  U  N  Æ  P  A  F  X  R
A  N  X  U  Ð  J  P  K  S  A  L  A  T  A
F  Þ  Ð  D  S  L  C  G  U  L  R  Ó  T  W
A  W  U  G  C  B  T  N  G  R  B  O  Q  Y
```

HVÍTLAUKUR	JARÐARBER
BASIL	SAFA
TÚNFISKUR	MJÓLK
SYKUR	SÍTRÓNU
KANIL	MYNTU
KJÖT	NÆPA
BYGG	PERA
LAUKUR	SALT
SALAT	SÚPA
SPÍNAT	GULRÓT

84 - Virtudes #1

```
F  Q  H  S  O  G  P  H  A  G  N  Ý  T  Z
E  N  G  R  C  Þ  V  Ó  P  S  T  L  Z  K
U  Þ  A  C  L  A  F  G  E  R  A  N  D  I
C  E  R  M  Z  C  L  V  I  T  U  R  Y  F
O  V  C  Þ  S  P  A  Æ  H  Þ  W  B  Y  F
H  R  D  L  I  S  T  R  Æ  N  N  Z  M  X
H  U  G  M  Y  N  D  A  R  Í  K  U  R  G
H  N  V  T  S  J  Ú  K  L  I  N  G  U  R
F  R  R  U  A  F  Ó  G  Ó  Ð  U  R  M  E
Y  Q  E  Z  N  F  H  Y  A  I  T  P  U  I
N  D  V  I  Ð  O  Á  J  V  M  R  W  T  N
D  Q  V  W  N  V  Ð  L  P  H  U  U  Q  D
I  Ö  R  L  Á  T  U  R  J  H  O  E  H  U
Ð  D  G  A  F  O  R  V  I  T  I  N  N  R
```

LISTRÆNN   ÓHÁÐUR
GÓÐUR   GREINDUR
FORVITINN   HREINT
AFGERANDI   HÓGVÆR
ÖRLÁTUR   SJÚKLINGUR
FYNDIÐ   HAGNÝT
HUGMYNDARÍKUR   VITUR

85 - Literatura

```
S  M  Æ  S  K  Á  L  D  S  K  A  P  U  R
K  Y  V  N  I  Ð  U  R  S  T  A  Ð  A  S
Á  N  I  A  J  W  N  U  T  A  K  T  U  R
L  D  S  Ö  G  U  M  A  Ð  U  R  S  H  U
D  L  A  S  R  F  L  A  R  O  K  A  Ö  M
S  Í  G  T  E  L  J  Ó  Ð  Í  M  M  F  R
A  K  A  Í  I  Í  Ý  I  Z  Q  M  A  U  Æ
G  I  Z  L  N  K  X  S  O  A  U  N  N  Ð
A  N  P  N  I  I  Þ  C  I  G  A  B  D  U
V  G  D  Ð  N  N  E  S  O  N  O  U  U  W
U  D  D  Z  G  G  M  L  R  D  G  R  R  O
J  D  O  E  L  A  A  T  P  A  Z  Ð  Y  L
U  Z  E  H  A  R  M  L  E  I  K  U  R  Þ
L  J  Ó  Ð  R  Æ  N  A  D  P  F  R  K  T
```

LÍKINGAR	SKÁLDSKAPUR
GREINING	MYNDLÍKING
E.	SÖGUMAÐUR
HÖFUNDUR	SKÁLDSAGA
ÆVISAGA	LJÓÐ
SAMANBURÐUR	LJÓÐRÆN
NIÐURSTAÐA	RÍM
LÝSING	TAKTUR
UMRÆÐU	ÞEMA
STÍL	HARMLEIKUR

86 - Clima

```
O  P  P  P  T  U  T  F  M  E  H  Þ  S  F
T  R  O  P  I  C  A  L  O  L  I  R  T  E
A  V  L  L  W  K  Y  Ó  N  D  M  U  J  L
S  I  A  H  L  Þ  X  Ð  S  I  I  M  Ó  L
D  N  R  N  I  C  Q  J  Ú  N  N  U  R  I
Ð  D  B  O  Z  T  P  C  N  G  N  R  N  B
Z  U  T  K  Þ  I  A  Í  J  O  F  D  M  Y
B  R  E  O  U  W  Y  S  G  L  X  B  Á  L
V  E  Ð  U  R  F  A  R  T  A  Ð  D  L  U
L  G  P  R  R  N  I  Q  S  I  N  X  K  R
F  J  I  Þ  T  V  A  C  P  L  G  S  B  T
S  T  O  R  M  U  R  D  T  D  Þ  Ó  K  A
Þ  S  K  Þ  N  B  Ð  C  O  E  K  U  B  Ý
Þ  U  R  R  K  A  R  Þ  T  R  Q  U  W  L
```

STJÓRNMÁL	POLAR
GOLA	ELDING
HIMINN	ÞURRT
VEÐURFAR	ÞURRKAR
ÍS	HITASTIG
FELLIBYLUR	STORMUR
FLÓÐ	TORNADO
MONSÚN	TROPICAL
ÞOKA	ÞRUMUR
SKÝ	VINDUR

87 - Comida #2

```
E  G  G  D  I  H  Z  L  B  O  T  N  X  K
G  H  R  Í  S  G  R  J  Ó  N  A  K  L  E
G  M  K  V  O  N  Z  J  Ó  G  Ú  R  T  S
A  K  Í  L  S  E  L  L  E  R  Í  R  Ó  P
L  J  V  K  T  J  T  A  S  P  F  M  M  V
D  W  Í  L  U  N  D  C  V  V  L  M  A  L
I  S  M  A  R  T  I  H  O  K  E  I  T  K
N  E  N  G  I  F  E  R  H  V  E  I  T  I
H  U  K  J  Ú  K  L  I  N  G  U  R  B  R
N  S  Ó  L  B  L  Ó  M  N  W  C  M  A  S
Ð  F  L  U  Q  Z  P  B  Ö  M  G  Y  N  U
B  R  A  U  Ð  C  F  N  B  N  Ð  N  A  B
Z  S  Ú  K  K  U  L  A  Ð  I  L  T  N  E
W  K  K  V  Í  N  B  E  R  W  R  U  I  R
```

ARTIHOKE	KÍVÍ
MÖNLU	EPLI
SELLERÍ	BRAUÐ
HRÍSGRJÓN	BANANI
EGGALDIN	KJÚKLINGUR
KIRSUBER	OSTUR
SÚKKULAÐI	TÓMAT
SÓLBLÓM	HVEITI
EGG	VÍNBER
ENGIFER	JÓGÚRT

88 - Castillos

```
M  H  E  A  J  Ð  F  P  Z  Z  Þ  N  P  B
H  Y  E  X  J  H  E  I  M  S  V  E  R  R
R  D  T  R  G  Ö  U  B  I  G  N  J  I  Y
U  K  H  B  Ö  L  D  T  U  R  N  F  N  N
C  L  T  N  F  L  A  P  Y  Ð  M  M  S  J
S  A  H  E  U  X  L  Z  P  Z  D  V  E  A
D  K  T  Þ  G  H  E  S  T  U  R  Í  S  I
K  Y  J  A  T  V  B  U  J  S  D  G  S  V
Ó  J  N  Ö  P  R  I  D  D  A  R  I  A  E
R  F  B  A  L  U  A  C  S  V  E  R  Ð  G
Ó  N  R  U  S  D  L  K  A  J  K  E  J  G
N  Z  J  C  Þ  T  U  T  P  R  I  N  S  Y
A  C  Þ  I  X  J  Y  R  R  Í  K  I  B  E
G  Þ  S  G  K  U  N  I  C  O  R  N  F  K
```

BRYNJA	VÍGI
RIDDARI	HEIMSVE
HESTUR	GÖFUGT
CATAPULT	HÖLL
KÓRÓNA	VEGG
DYNASTY	PRINSESSA
DREKI	PRINS
SKJÖLDUR	RÍKI
SVERÐ	TURN
FEUDAL	UNICORN

89 - Arte

```
I  N  N  B  L  Á  S  T  U  R  S  U  Ð  O
Þ  W  D  V  Ý  Z  Ú  K  N  F  E  N  K  R
K  Y  I  T  S  P  R  D  A  P  G  C  O  I
E  P  V  Z  A  M  R  K  G  P  Ð  V  E  G
R  E  W  Z  S  Y  E  F  L  Q  V  C  O  I
A  R  H  E  I  Ð  A  R  L  E  G  U  R  N
M  S  E  M  H  S  L  B  P  Ó  F  H  X  L
I  Ó  I  Á  Ö  J  I  H  C  M  K  A  Ð  E
K  N  N  L  G  Ó  S  F  O  D  Y  I  Ð  G
U  U  F  V  G  N  M  L  J  Ó  Ð  N  Ð  T
P  L  A  E  M  R  I  M  Þ  Ð  E  M  D  Á
V  E  L  R  Y  Æ  Ð  K  N  W  F  K  R  K
V  G  T  K  N  N  F  I  F  T  N  Y  N  N
H  T  Q  Þ  D  I  D  Z  U  R  I  I  C  C
```

KERAMIK	PERSÓNULEGT
FLÓKIÐ	MÁLVERK
HÖGGMYND	LJÓÐ
SEGÐ	LÝSA
MYND	EINFALT
HEIÐARLEGUR	TÁKN
SKAP	SÚRREALISMI
INNBLÁSTUR	EFNI
ORIGINLEGT	SJÓNRÆN

90 - Herbostería

```
T H R M Y N T U F U S E S L
H U W V Þ F E N N E L F T O
G A W H R Ó S M A R Í N E F
Q C G N R Z T Þ H J B I I N
B L Ó M M A R J O R A M N A
A R I D V S A F F R A N S R
S E A L K Z G Æ Ð I Z D E B
I W J G M M O U Þ Y D I L L
L D Y U Ð A N F R U X H J Ó
P L A N T A N Þ C E S Þ A M
A R P N S Z C D G A R Ð U R
C T S G R Æ N T I R L W V Ð
M A T R E I Ð S L U U R G O
H V Í T L A U K U R T A R Y
```

HVÍTLAUKUR
BASIL
ILMANDI
SAFFRAN
GÆÐI
MATREIÐSLU
DILL
ESTRAGON
BLÓM
FENNEL

EFNI
GARÐUR
LOFNARBLÓM
MARJORAM
MYNTU
STEINSELJA
PLANTA
RÓSMARÍN
BRAGÐ
GRÆNT

91 - Verano

```
T  I  A  L  E  Ð  H  X  L  F  K  Þ  J  G
K  Þ  W  S  Q  H  X  E  Y  J  Ö  Ð  M  A
A  O  W  S  U  S  D  W  I  U  F  T  M  R
C  O  S  B  K  L  N  Y  G  M  U  F  A  Ð
R  F  Q  F  J  A  R  A  V  L  N  R  T  U
S  T  J  Ö  R  N  U  R  H  E  E  Í  U  R
M  I  N  N  I  N  G  A  R  I  R  Ð  R  Ð
S  T  Í  M  I  S  T  B  Æ  K  U  R  I  X
J  L  O  O  O  K  A  A  E  I  F  O  Þ  V
Ó  S  Ö  Y  C  Ó  U  E  I  R  P  R  I  I
Ð  W  S  K  Þ  B  A  Ð  S  Y  N  D  A  N
C  P  Z  N  U  F  E  R  Ð  A  S  T  Y  I
S  Ð  H  T  Ó  N  L  I  S  T  C  J  O  R
F  J  Ö  L  S  K  Y  L  D  A  F  U  N  A
```

GLEÐI   SJÓ
VINIR   TÓNLIST
KÖFUN   AÐ SYNDA
MATUR   TÍMIST
STJÖRNUR   FJARA
FJÖLSKYLDA   MINNINGAR
HEIM   SLÖKUN
GARÐUR   SKÓ
LEIKIR   FRÍ
BÆKUR   FERÐAST

92 - Insectos

```
M M E G O F M F T X Q P L B
A P I W R R Y L R Ð H L I J
N E C Z K A M Ó D Ð A Ö R A
T E I K A N S U H W Ð N V L
I H C T K O A K R I G T A L
S Þ A F K K H Z Ú C J U L A
K O D R A G O N F L Y L F T
R N A O L C B R P Þ A Ú M E
F B Í E A H O R N E T S Ö R
R L G A K K U T Q P R B L M
Í U U K K F I Ð R I L D I I
P E N G I S P R E T T U R T
U M V M A U R M C D K Z M E
R G E I T U N G U R R T B N
```

BÍ
GEITUNGUR
HORNET
PLÖNTULÚS
CICADA
KAKKALAKKI
BJALLA
ORMUR
MAUR
ENGISPRETTUR

LIRVA
DRAGONFLY
MANTIS
FIÐRILDI
FRÍPUR
FLUGA
MÖL
FLÓ
GRASKÚLA
TERMITE

93 - Especias

```
E A V Z B E N G I F E R C J
Q N L D R X R P I Y K K H M
P N Z V A N I L L U J Ð K A
A G H O G M P I P A R R F S
L N V M Ð Y M S A F F R A N
A S Í Ú J N P A P R I K A M
U Æ T S F E N N E L S M V L
K T L K L G P G W F Ú A K B
U U A A A U R L O H R C L I
R R U T K L K A N I L Z H T
O X K B K L A Ú X M R Þ X U
G P U R R B R H M O E L E R
X T R B Í K R Q F E N T A R
T U L K S W Ý H F X N F O G
```

SÚR	SÆTUR
HVÍTLAUKUR	FENNEL
BITUR	ENGIFER
ANÍS	MÚSKAT
SAFFRAN	PAPRIKA
KANIL	PIPAR
LAUKUR	LAKKRÍS
NEGULL	BRAGÐ
KÚMEN	SALT
KARRÝ	VANILLU

94 - Emociones

```
Ó V A L Z Z I Þ W Q G F Þ M
S T B F Z Y G L E Ð I R A W
O G T E S D Ð O F Z F I K R
R Ó H I Y L K G N Q L Ð K Ó
G Ð L P G M A N I F A U L C
F V E Q Y I S P E M Q R Á U
U I L S Æ L A L P Y F S T D
L L U C G E M É I A U E U S
L D O F M I Ú T D R Ð Ð R P
N P Y C L Ð Ð T V A H U M E
Æ H R R E I Ð I Y F B Þ R N
G U J V X N B R M Z Á W F N
T Ð F W I D T X U S S Q O T
E E B S H I Y J T Ð T I M I
```

LEIÐINDI
ÞAKKLÁTUR
GLEÐI
LÉTTIR
ÁST
SÆLA
GÓÐVILD
LOGN
EFNI
SPENNT

REIÐI
ÓTTI
FRIÐUR
AFSLAPPAÐUR
FULLNÆGT
SAMÚÐ
EYMSLI
RÓ
SORG

95 - Mediciones

```
Þ  Ð  I  U  E  G  R  Þ  L  L  K  C  L  B
J  Ð  G  G  H  A  C  Y  E  D  Í  H  D  Æ
E  R  S  B  V  P  L  N  N  Ý  L  T  I  T
L  Z  F  J  Þ  H  Ú  G  G  P  Ó  O  R  I
B  R  E  I  D  D  N  D  D  T  E  N  O  I
T  M  Q  N  R  Z  S  W  L  V  O  N  E  I
J  M  O  A  U  K  A  S  T  A  F  M  W  G
S  E  N  T  I  M  E  T  R  I  H  G  M  I
B  R  M  Z  Ð  M  R  Ð  I  R  T  R  Í  U
A  S  Æ  H  X  J  Þ  J  Q  Z  J  Á  N  E
M  K  L  Z  Æ  Þ  F  U  A  P  P  Ð  Ú  I
K  N  I  A  M  Ð  B  I  N  D  I  A  T  G
Þ  J  R  K  L  R  M  E  S  S  I  O  A  Q
G  R  A  M  M  K  Í  L  Ó  M  E  T  R  A
```

HÆÐ	LENGD
BREIDD	MESSI
BÆTI	MÆLIR
SENTIMETR	MÍNÚTA
AUKASTAF	ÚNSA
GRÁÐA	ÞYNGD
GRAMM	DÝPT
KÍLÓ	TOMMU
KÍLÓMETRA	TONN
LÍTRI	BINDI

96 - Barcos

```
F  S  J  Ó  C  S  J  Ó  M  A  Ð  U  R  B
W  J  E  Ð  Ð  C  T  U  Y  M  X  X  T  T
G  Ó  Ö  G  R  O  K  Ö  L  D  U  R  J  X
Á  M  S  R  L  Ð  B  D  Ð  V  F  C  N  F
H  A  F  E  U  B  M  N  X  U  T  A  U  L
Ö  N  E  I  Y  E  Á  K  E  Þ  V  M  W  E
F  N  R  P  E  C  V  T  N  N  S  A  E  K
N  A  J  I  K  A  N  Ó  U  B  K  S  T  I
C  M  A  V  A  A  K  K  E  R  I  T  O  N
B  A  U  É  J  H  J  P  Y  I  R  U  E  Q
U  M  P  L  A  J  H  G  U  V  G  R  Y  Y
J  W  D  M  K  Ð  S  S  N  E  K  K  J  U
Y  Ð  U  Ð  L  A  K  I  L  R  O  V  B  I
W  V  Ð  O  D  K  G  U  F  Y  U  L  W  B
```

AKKERI   SJÓMAÐUR
FLEKI   MASTUR
BAU   VÉL
KANÓ   SJÓMANNA
REIPI   HAF
FERJA   ÖLDUR
KAJAK   RIVER
STÖÐUVATN   ÁHÖFN
SJÓ   SEGLBÁTUR
FJÖRU   SNEKKJU

97 - Antártida

```
E V R Á H I T A S T I G U L
Y E K L F E M P O K O K Ð A
J R Z F U H F Þ H Q Ý F L N
A N G U G C R Ð O Ð X S E D
R D R N L M Þ G Þ F E T I A
L U A N A B F C C Þ T E Ð F
V N N I R Þ Ð Q R O D I A R
I V N N G D F U B P V N N Æ
V Í S I N D L E G T Í E G Ð
V N Ó K Z V Ó V R Ð S F U I
J Ö K L A R I A O Ð E N R A
Z U N K I G K T C B B I J Þ
O Z I J Q Q I N K Ð Z V O B
M Ö R G Æ S I R Y J P O Ð W
```

VATN
FLÓI
VÍSINDLEGT
VERNDUN
ÁLFUNNI
COVE
LEIÐANGUR
LANDAFRÆÐI
JÖKLAR
ÍS

RANNSÓKNIR
EYJAR
STEINEFNI
SKÝ
FUGLAR
SKAGI
MÖRGÆSIR
ROCKY
HITASTIG

98 - Piratas

```
F  D  D  P  Á  F  A  G  A  U  K  U  R  A
S  Æ  N  Z  F  Y  X  M  F  N  F  G  Á  K
O  V  W  M  V  Y  E  Q  Á  T  J  U  H  K
H  I  E  H  Æ  T  T  A  N  K  Á  L  Ö  E
R  N  M  R  M  U  E  C  A  A  R  L  F  R
X  T  N  Y  Ð  Y  Z  Y  E  P  S  F  N  I
G  Ý  Y  D  X  E  N  Á  Y  T  J  S  Ð  L
Þ  R  R  O  M  M  L  T  J  E  Ó  E  N  Y
F  I  S  N  P  L  S  T  A  I  Ð  O  J  F
N  F  J  A  R  A  L  A  J  N  U  Þ  A  I
H  E  L  L  I  R  Æ  V  K  O  R  T  G  E
O  R  U  J  Þ  Y  M  I  Ö  R  T  L  G  P
R  R  M  S  C  B  T  T  T  V  P  M  P  S
I  N  Þ  J  Ó  Ð  S  A  G  A  M  V  M  E
```

AKKERI	PÁFAGAUKUR
ÆVINTÝRI	SLÆMT
FÁNA	KORT
ÁTTAVITA	MYNT
KAPTEIN	GULL
ÖR	HÆTTA
HELLI	FJARA
SVERÐ	ROMM
EYJA	FJÁRSJÓÐUR
ÞJÓÐSAGA	ÁHÖFN

99 - Mamíferos

```
K  H  V  H  G  K  Ö  T  T  U  R  H  V  D
E  C  O  W  Ó  I  T  G  M  J  Ð  Ö  M  Ú
N  B  J  Ö  R  N  Þ  E  B  E  A  F  Í  L
G  J  V  A  I  D  Ú  A  Z  E  B  R  A  F
Ú  K  F  K  L  D  L  S  P  K  H  U  G  U
R  L  A  M  L  A  F  N  A  I  V  N  Í  R
A  E  E  N  A  K  A  I  Y  A  A  G  R  R
Q  S  Þ  A  Í  I  L  K  H  D  L  U  A  E
S  N  P  U  Ð  N  D  Ð  U  A  U  R  F  F
H  E  S  T  U  R  A  P  N  W  R  P  F  U
Z  P  L  U  B  R  M  A  D  Y  A  M  I  R
D  U  C  S  L  É  T  T  U  Ú  L  F  U  R
J  V  K  F  I  O  C  V  R  Ð  N  O  G  N
W  C  N  X  O  H  U  A  U  X  L  X  J  G
```

HVALUR	KÖTTUR
ASNI	GÓRILLA
HESTUR	GÍRAFFI
ÚLFALDA	ÚLFUR
KENGÚRA	API
ZEBRA	BJÖRN
KANÍNA	KIND
SLÉTTUÚLFUR	HUNDUR
HÖFRUNGUR	NAUT
FÍL	REFUR

100 - Abejas

```
M V G A G N L E G J P G R Z
A L I Þ Þ P U Q M I L E Þ W
T O Y S K O R D Ý R Ö Á G F
U T D C T V O T W B N V A X
R F R J Ó K O R N L T Ö R N
Q M O D J F E X V Ó U X Ð Þ
H C T Ð M R F R C M R T U R
J Z T O N Æ E J F B W U R U
N Ð N G S V C Y Þ I B R M H
M N I O Y U M A K V I K S O
C U N F S N D G H U N A N G
K P G V Æ N G I G W R S Ó L
F J Ö L B R E Y T N I C J F
B Ý F L U G N A B Ú W T T Ð
```

VÆNGI
GAGNLEG
VAX
BÝFLUGNABÚ
MATUR
FJÖLBREYTNI
VISTKERFI
KVIK
BLÓM
ÁVÖXTUR

REYKUR
SKORDÝR
GARÐUR
HUNANG
PLÖNTUR
FRJÓKORN
FRÆVUN
DROTTNING
SÓL

1 - Ajedrez

2 - Agua

3 - Granja #2

4 - Mueble

5 - Pesca

6 - Aviones

7 - Tipos de Cabello

8 - Ciencia Ficción

9 - Juguetes

10 - Circo

11 - Granja #1

12 - Camping

13 - Fruta

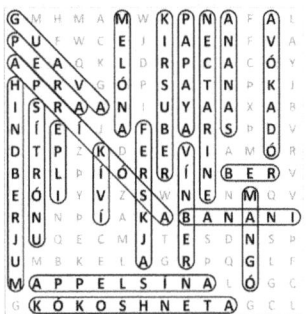

14 - Geología

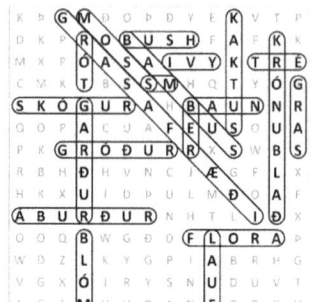

15 - Plantas

16 - Suministros de Arte

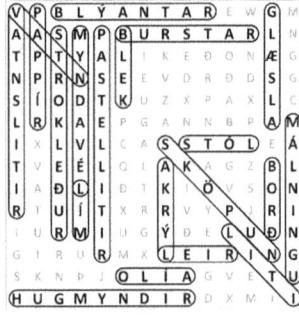

17 - Jardín

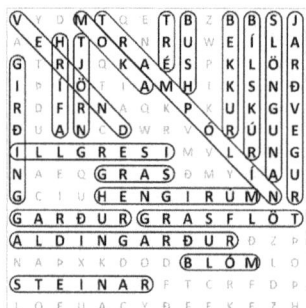

18 - Países #2

19 - Tecnología

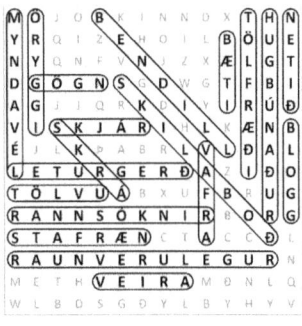

20 - Números

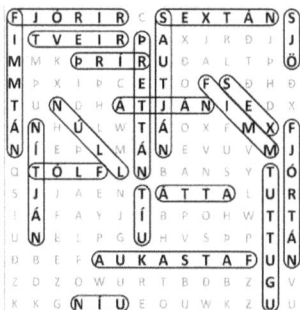

21 - Mitología

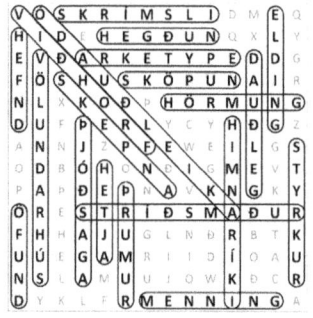

22 - Ecología

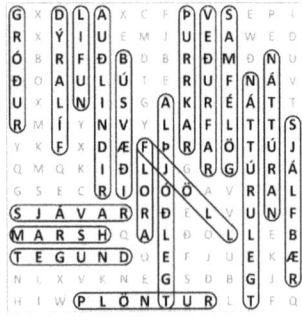

23 - Herramientas

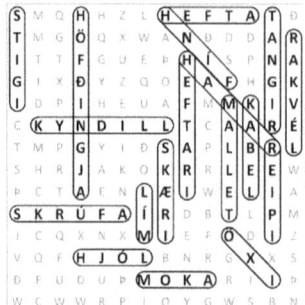

24 - Casa

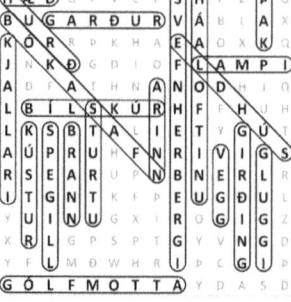

25 - Artes Visuales

26 - Escuela #2

27 - Selva Tropical

28 - Colores

29 - Adjetivos #1

30 - Familia

31 - Disciplinas Científicas

32 - Gatos

33 - Cocina

34 - Escuela #1

35 - Adjetivos #2

36 - Cuerpo Humano

37 - Ciencia

38 - Dinosaurios

39 - Restaurante #2

40 - Profesiones #1

41 - Vehículos

42 - Vacaciones #2

43 - Cumpleaños

44 - Baile

45 - Matemáticas

46 - Restaurante #1

47 - Profesiones #2

48 - Senderismo

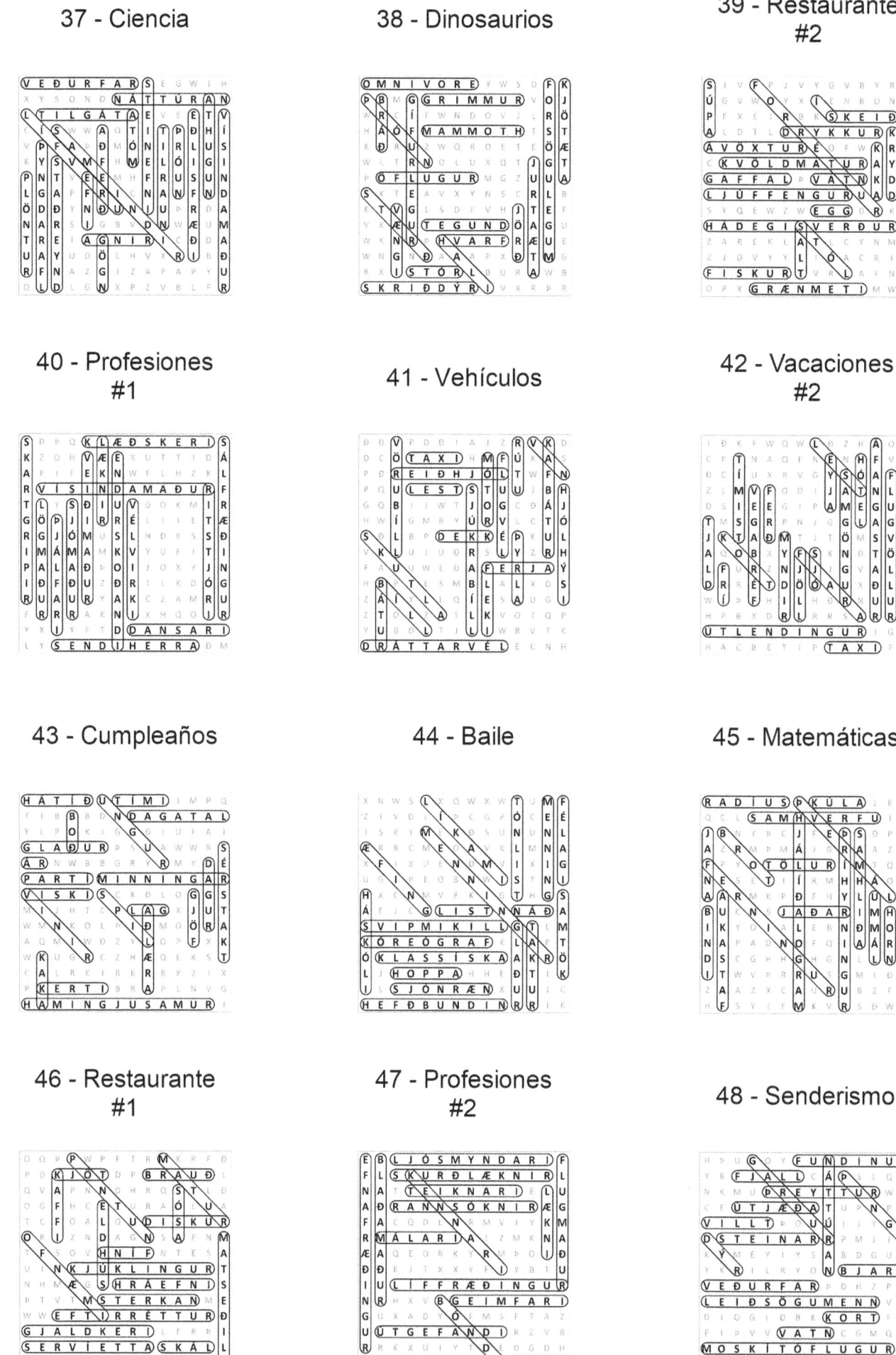

49 - Naturaleza

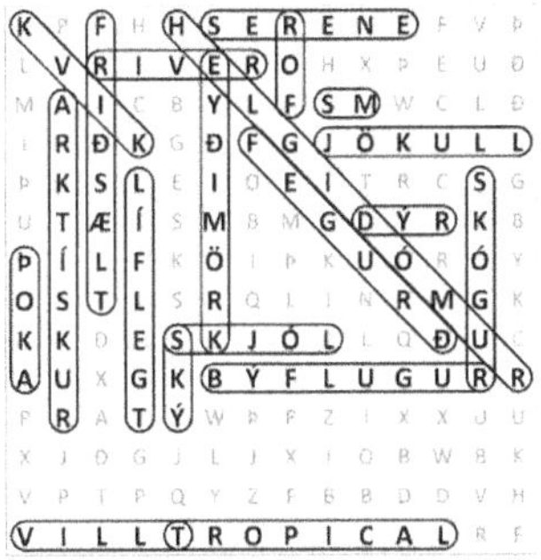

50 - Conduciendo

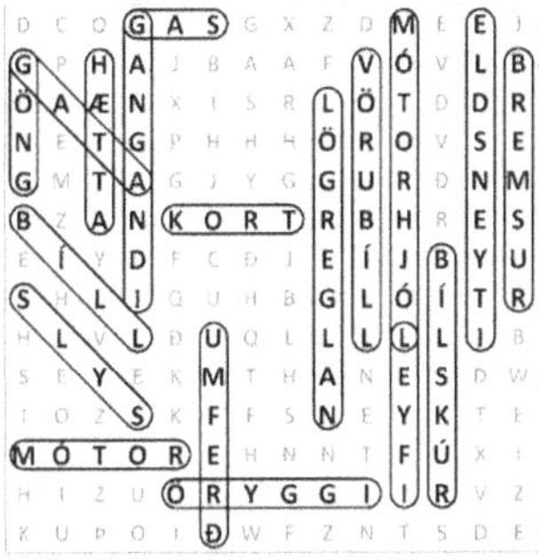

51 - Ballet

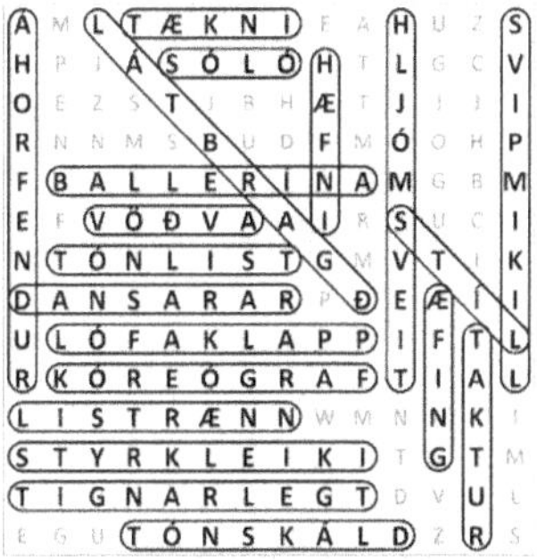

52 - Aventura

53 - Pájaros

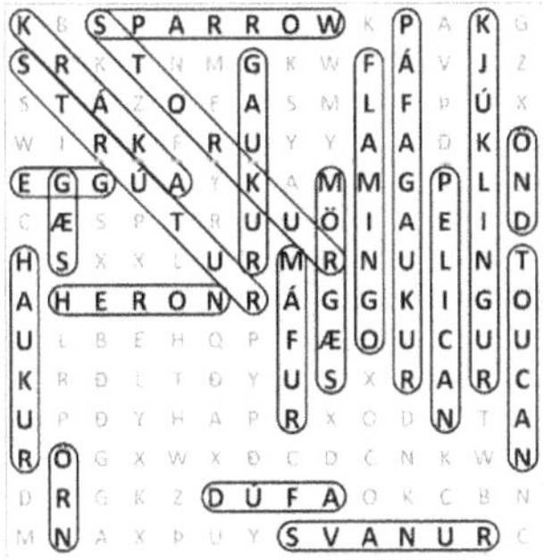

54 - Playa

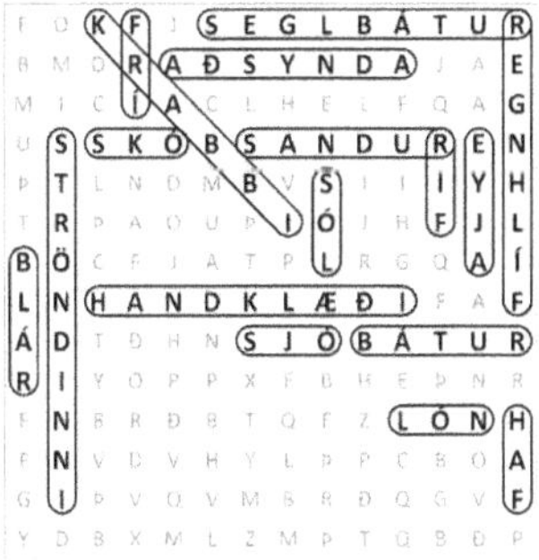

55 - Surf

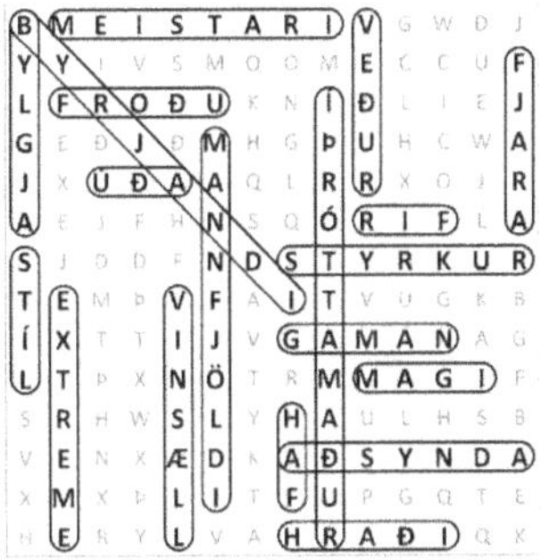

56 - Geografía

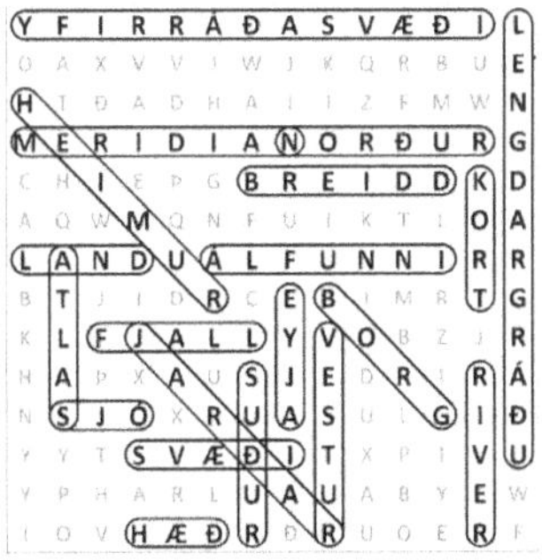

57 - Deportes

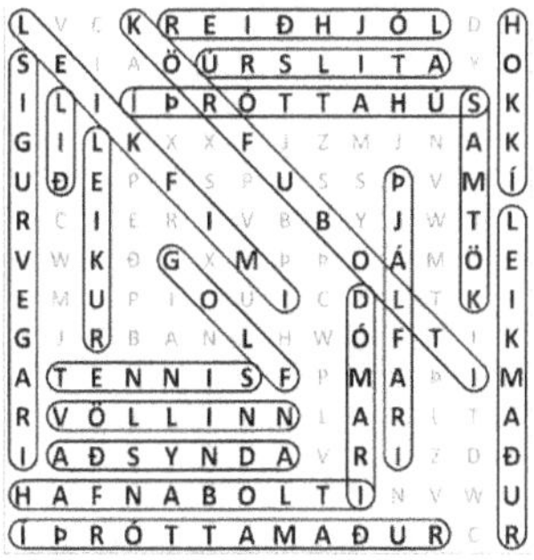

58 - Actividades

59 - Verduras

60 - Instrumentos Musicales

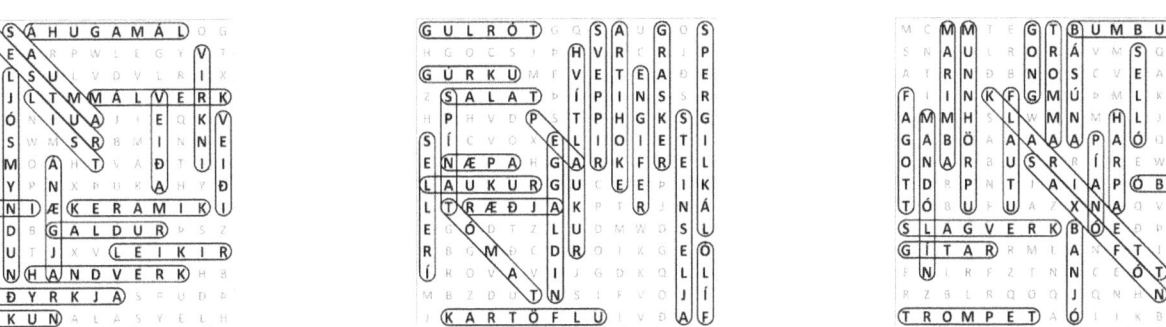

61 - Escalada

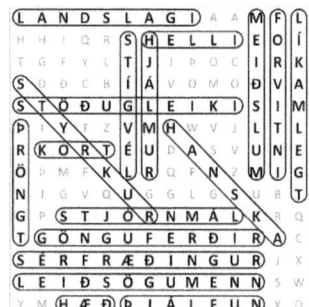

62 - Mascotas

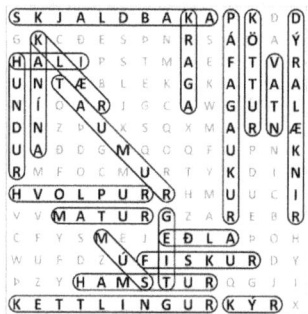

63 - Formas

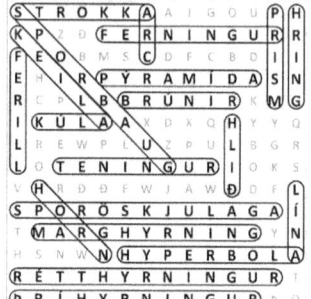

64 - Flores

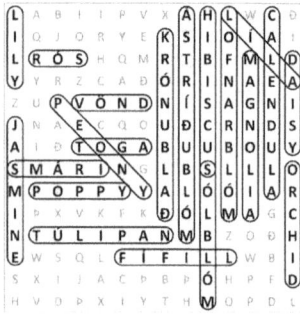

65 - Astronomía

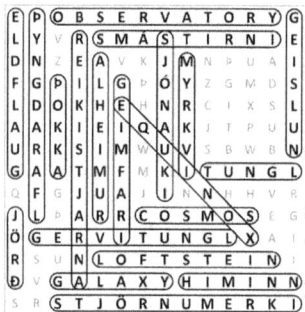

66 - Tiempo

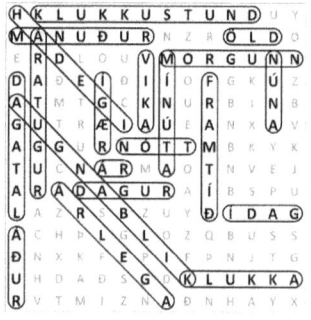

67 - Paisajes

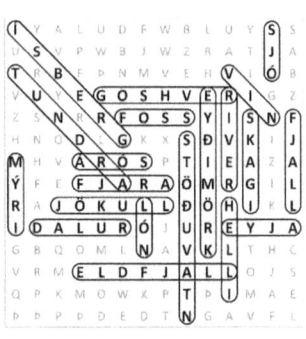

68 - Días y Meses

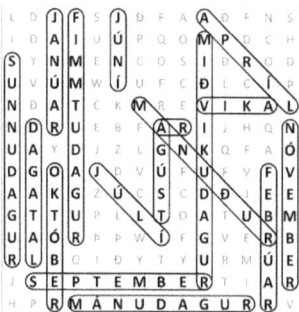

69 - Chocolate

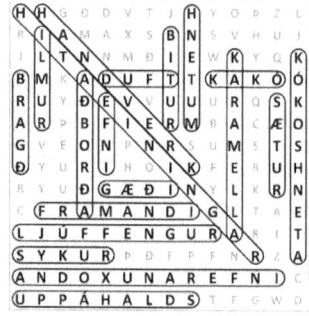

70 - Barbacoas

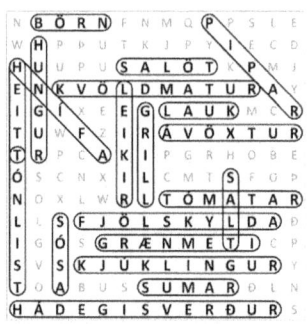

71 - Ropa

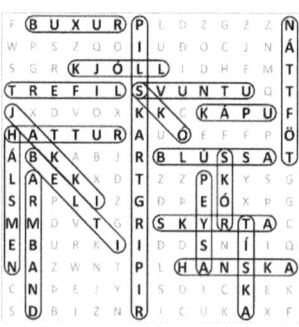

72 - Meditación

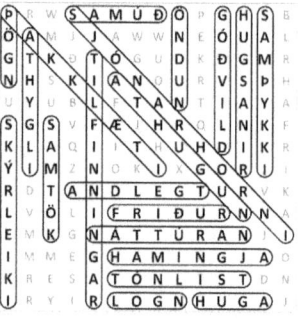

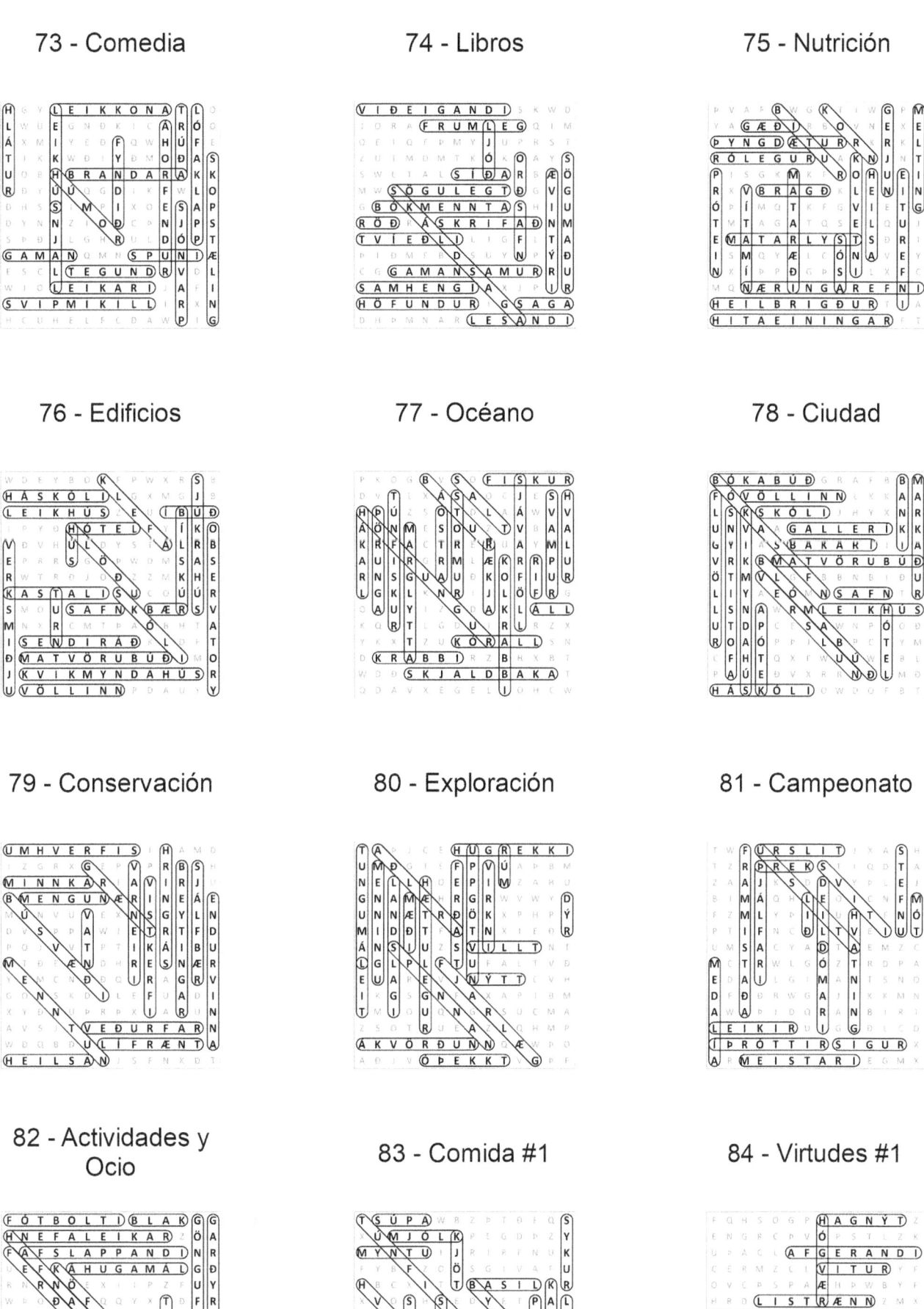

73 - Comedia

74 - Libros

75 - Nutrición

76 - Edificios

77 - Océano

78 - Ciudad

79 - Conservación

80 - Exploración

81 - Campeonato

82 - Actividades y Ocio

83 - Comida #1

84 - Virtudes #1

85 - Literatura

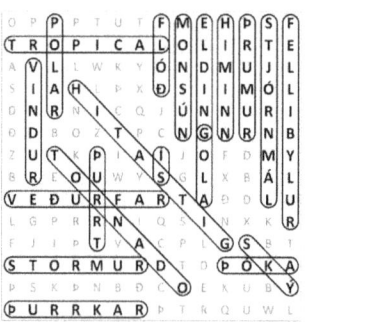

86 - Clima

87 - Comida #2

88 - Castillos

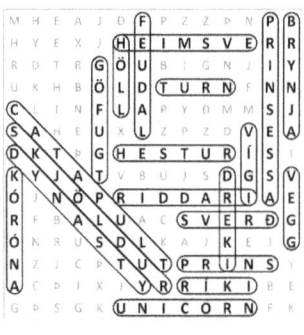

89 - Arte

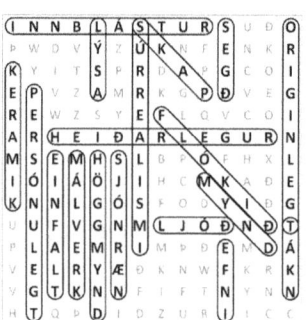

90 - Herboristería

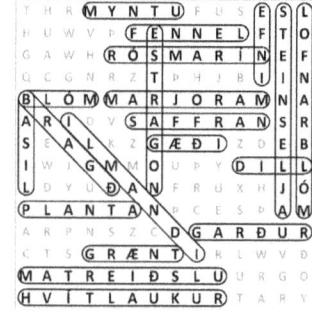

91 - Verano

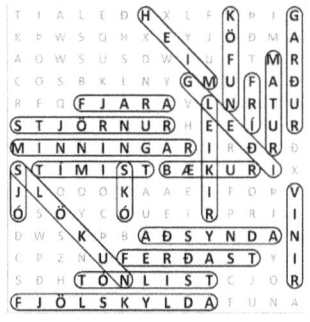

92 - Insectos

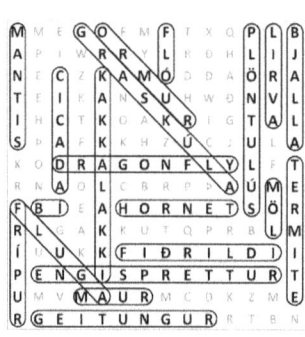

93 - Especias

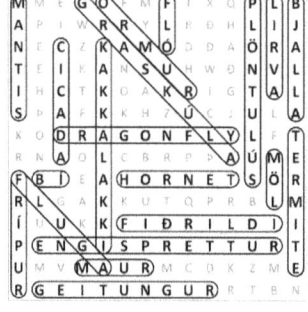

94 - Emociones

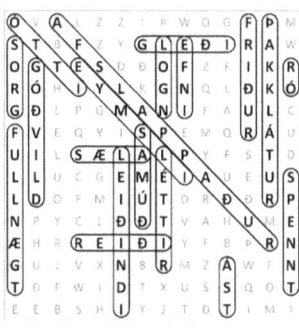

95 - Mediciones

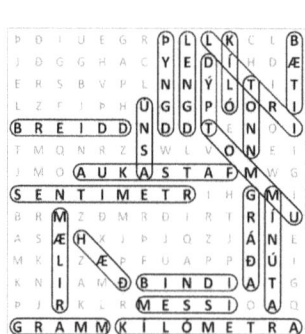

96 - Barcos

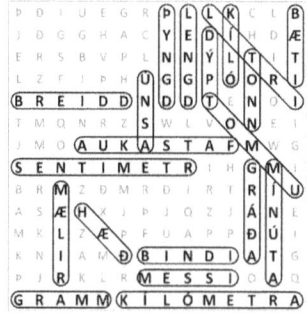

97 - Antártida

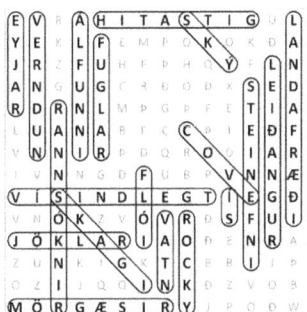

98 - Piratas

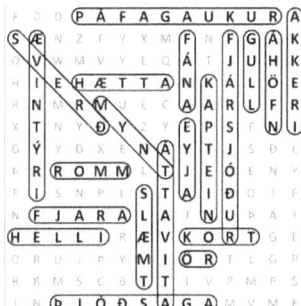

99 - Mamíferos

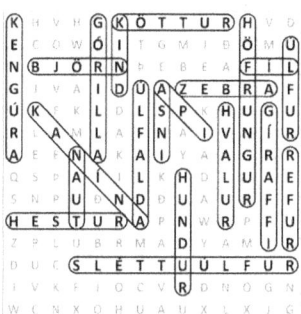

100 - Abejas

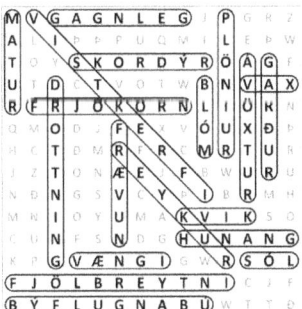

Diccionario

Abejas
Býflugur

Alas	Vængi
Beneficioso	Gagnleg
Cera	Vax
Colmena	Býflugnabú
Comida	Matur
Diversidad	Fjölbreytni
Ecosistema	Vistkerfi
Enjambre	Kvik
Flor	Blómstra
Flores	Blóm
Fruta	Ávöxtur
Humo	Reykur
Insecto	Skordýr
Jardín	Garður
Miel	Hunang
Plantas	Plöntur
Polen	Frjókorn
Polinizador	Frævun
Reina	Drottning
Sol	Sól

Actividades
Starfsemi

Actividad	Virkni
Arte	List
Artesanía	Handverk
Caza	Veiða
Cerámica	Keramik
Costura	Sauma
Fotografía	Ljósmyndun
Habilidad	Hæfni
Intereses	Áhugamál
Jardinería	Garðyrkja
Juegos	Leikir
Lectura	Lestur
Magia	Galdur
Ocio	Tímist
Pesca	Veiði
Pintura	Málverk
Placer	Ánægja
Relajación	Slökun
Rompecabezas	Þrautir
Senderismo	Gönguferðir

Actividades y Ocio
Starfsemi og Tómstundir

Aficiones	Áhugamál
Arte	List
Baloncesto	Körfubolti
Béisbol	Hafnabolti
Boxeo	Hnefaleikar
Buceo	Köfun
Camping	Útjæða
Carreras	Kappakstur
Compras	Versla
Fútbol	Fótbolti
Golf	Golf
Jardinería	Garðyrkja
Natación	Sund
Pesca	Veiði
Pintura	Málverk
Relajante	Afslappandi
Senderismo	Gönguferðir
Tenis	Tennis
Viaje	Ferðast
Voleibol	Blak

Adjetivos #1
Lýsingarorð #1

Absoluto	Alger
Activo	Virkur
Ambicioso	Metnaðarlegt
Aromático	Ilmandi
Atractivo	Aðlaðandi
Brillante	Björt
Enorme	Gríðarstór
Generoso	Örlátur
Grande	Stór
Honesto	Heiðarlegur
Importante	Mikilvægt
Inocente	Saklaus
Joven	Ungur
Lento	Hægt
Moderno	Nútíma
Oscuro	Myrkur
Perfecto	Fullkominn
Pesado	Þungt
Serio	Alvarlegt
Valioso	Dýrmætur

Adjetivos #2
Lýsingarorð #2

Cansado	Þreyttur
Comestible	Ætur
Creativo	Skapandi
Descriptivo	Lýsandi
Dramático	Dramatísk
Elegante	Glæsilegur
Famoso	Frægur
Fresco	Ferskur
Fuerte	Sterkur
Interesante	Áhugavert
Natural	Náttúrulegt
Normal	Eðlilegt
Nuevo	Nýtt
Orgulloso	Stoltur
Picante	Sterkan
Productivo	Afkastamikill
Responsable	Ábyrgur
Salado	Saltur
Saludable	Heilbrigður
Seco	Þurr

Agua
Vatni

Canal	Síkur
Ducha	Sturtu
Evaporación	Uppgufun
Géiser	Geysir
Helada	Frost
Hielo	Ís
Humedad	Raki
Huracán	Fellibylur
Húmedo	Rökum
Inundación	Flóð
Lago	Lake
Lluvia	Rigning
Monzón	Monsún
Nieve	Snjór
Océano	Haf
Olas	Öldur
Potable	Drykkjarhæft
Riego	Áveitu
Río	River
Vapor	Gufu

Ajedrez
Skák

Aprender	Að Læra
Blanco	Hvítur
Campeón	Meistari
Concurso	Keppni
Diagonal	Ská
Estrategia	Stefnu
Inteligente	Snjall
Juego	Leikur
Jugador	Leikmaður
Negro	Svart
Oponente	Mótmælandi
Pasivo	Aðgerðalaus
Puntos	Stig
Reglas	Reglur
Reina	Drottning
Rey	Konungur
Sacrificio	Fórn
Tiempo	Tími
Torneo	Mót

Antártida
Suðurskautslandið

Agua	Vatn
Bahía	Flói
Científico	Vísindlegt
Conservación	Verndun
Continente	Álfunni
Ensenada	Cove
Expedición	Leiðangur
Geografía	Landafræði
Glaciares	Jöklar
Hielo	Ís
Investigador	Rannsóknir
Islas	Eyjar
Minerales	Steinefni
Nubes	Ský
Pájaros	Fuglar
Península	Skagi
Pingüinos	Mörgæsir
Rocoso	Rocky
Temperatura	Hitastig
Topografía	Landslag

Arte
List

Cerámica	Keramik
Complejo	Flókið
Composición	Samsetning
Escultura	Höggmynd
Expresión	Segð
Figura	Mynd
Honesto	Heiðarlegur
Humor	Skap
Inspirado	Innblástur
Original	Originlegt
Personal	Persónulegt
Pinturas	Málverk
Poesía	Ljóð
Retratar	Lýsa
Sencillo	Einfalt
Símbolo	Tákn
Surrealismo	Súrrealismi
Tema	Efni
Visual	Sjónræn

Artes Visuales
Myndlist

Arcilla	Leir
Arquitectura	Arkitektúr
Artista	Listamaður
Barniz	Lakk
Caballete	Glæsla
Cera	Vax
Cerámica	Keramik
Composición	Samsetningu
Creatividad	Skráningu
Escultura	Höggmynd
Fotografía	Ljósmynd
Lápiz	Blýantur
Obra Maestra	Meistaraverk
Película	Kvikmynd
Perspectiva	Sjónarhorni
Pintura	Málverk
Plantilla	L
Pluma	Penni
Retrato	Portret
Tiza	Krít

Astronomía
Stjörnufræði

Asteroide	Smástirni
Astronauta	Geimfari
Cielo	Himinn
Cohete	Eldflaug
Constelación	Stjörnumerki
Cosmos	Cosmos
Eclipse	Myrkvi
Equinoccio	Equinox
Galaxia	Galaxy
Gravedad	Þyngdarafl
Luna	Tungl
Meteoro	Loftstein
Nebulosa	Þokka
Observatorio	Observatory
Planeta	Reikistjarna
Radiación	Geislun
Satélite	Gervitungl
Telescopio	Sjónauki
Tierra	Jörð
Universo	Alheimur

Aventura
Ævintýri

Actividad	Virkni
Alegría	Gleði
Amigos	Vinir
Belleza	Fegurð
Destino	Áfangastaður
Dificultad	Vandi
Entusiasmo	Eldmóð
Excursión	Skoðunarferð
Inusual	Óvenjulegt
Itinerario	Ferðaáætlun
Naturaleza	Náttúran
Navegación	Siglingar
Nuevo	Nýtt
Oportunidad	Tækifæri
Peligroso	Hættulegt
Preparación	Undirbúningur
Seguridad	Öryggi
Sorprendente	Á Óvart
Valentía	Hugrekki
Viajes	Ferðast

Aviones
Flugvélar

Aire	Loft
Altura	Hæð
Aterrizaje	Lending
Atmósfera	Stjórnmál
Aventura	Ævintýri
Cielo	Himinn
Combustible	Eldsneyti
Construcción	Smíði
Dirección	Stefnu
Diseño	Hönnun
Globo	Blöðru
Hélices	Skrúfur
Hidrógeno	Vetni
Historia	Saga
Motor	Vél
Navegar	Sigla
Pasajero	Farþegi
Piloto	Flugmaður
Tripulación	Áhöfn
Turbulencia	Ókyrrð

Baile
Dansa

Academia	Háskóli
Alegre	Glaður
Arte	List
Clásico	Klassíska
Coreografía	Kóreógraf
Cuerpo	Líkami
Cultura	Menning
Cultural	Menningar
Emoción	Tilfinning
Ensayo	Æfing
Expresivo	Svipmikill
Gracia	Náð
Movimiento	Samtök
Música	Tónlist
Ritmo	Taktur
Saltar	Hoppa
Socio	Félagi
Tradicional	Hefðbundin
Visual	Sjónræn

Ballet
Ballett

Agraciado	Tignarlegt
Aplauso	Lófaklapp
Artístico	Listrænn
Audiencia	Áhorfendur
Bailarina	Ballerína
Bailarines	Dansarar
Compositor	Tónskáld
Coreografía	Kóreógraf
Ensayo	Æfing
Estilo	Stíl
Expresivo	Svipmikill
Gesto	Látbragð
Habilidad	Hæfni
Intensidad	Styrkleiki
Músculos	Vöðva
Música	Tónlist
Orquesta	Hljómsveit
Ritmo	Taktur
Solo	Sóló
Técnica	Tækni

Barbacoas
Grillveislur

Almuerzo	Hádegisverður
Caliente	Heitt
Cebollas	Lauk
Cena	Kvöldmatur
Cuchillos	Hnífa
Ensaladas	Salöt
Familia	Fjölskylda
Fruta	Ávöxtur
Hambre	Hungur
Juegos	Leikir
Música	Tónlist
Niños	Börn
Parrilla	Grill
Pimienta	Pipar
Pollo	Kjúklingur
Sal	Salt
Salsa	Sósa
Tomates	Tómatar
Verano	Sumar
Verduras	Grænmeti

Barcos
Bátar

Ancla	Akkeri
Balsa	Fleki
Boya	Bau
Canoa	Kanó
Cuerda	Reipi
Ferry	Ferja
Kayak	Kajak
Lago	Stöðuvatn
Mar	Sjó
Marea	Fjöru
Marinero	Sjómaður
Mástil	Mastur
Motor	Vél
Náutico	Sjómanna
Océano	Haf
Olas	Öldur
Río	River
Tripulación	Áhöfn
Velero	Seglbátur
Yate	Snekkju

Campeonato
Meistaramót

Campeonato	Úrslita
Campeón	Meistari
Deportes	Íþróttir
Entrenador	Þjálfari
Equipo	Lið
Estrategia	Stefnu
Finalista	Úrslit
Juegos	Leikir
Juez	Dómari
Liga	Deild
Medalla	Medalía
Motivación	Hvatning
Rendimiento	Frammistaða
Resistencia	Þrek
Torneo	Mót
Transpiración	Sviti
Victoria	Sigur

amping
aldstæði

imales	Dýr
ventura	Ævintýri
boles	Tré
osque	Skógur
újula	Áttavita
abina	Klefa
anoa	Kanó
aza	Veiða
uerda	Reipi
quipo	Búnaður
uego	Eldur
amaca	Hengirúm
secto	Skordýr
ago	Stöðuvatn
nterna	Lukt
una	Tungl
apa	Kort
ontaña	Fjall
aturaleza	Náttúran
ombrero	Hattur

Casa
Húsið

Alfombra	Gólfmotta
Ático	Háaloftinu
Biblioteca	Bókasafn
Chimenea	Arinn
Cocina	Eldhús
Dormitorio	Svefnherbergi
Ducha	Sturtu
Escoba	Kústur
Espejo	Spegill
Garaje	Bílskúr
Grifo	Brann
Jardín	Garður
Lámpara	Lampi
Pared	Vegg
Piso	Hæð
Puerta	Hurð
Sótano	Kjallari
Techo	Þak
Valla	Girðing
Ventana	Gluggi

Castillos
Kastalar

Armadura	Brynja
Caballero	Riddari
Caballo	Hestur
Catapulta	Catapult
Corona	Kóróna
Dinastía	Dynasty
Dragón	Dreki
Escudo	Skjöldur
Espada	Sverð
Feudal	Feudal
Fortaleza	Vígi
Imperio	Heimsve
Noble	Göfugt
Palacio	Höll
Pared	Vegg
Princesa	Prinsessa
Príncipe	Prins
Reino	Ríki
Torre	Turn
Unicornio	Unicorn

hocolate
úkkulaði

margo	Bitur
ntioxidante	Andoxunarefni
roma	Ilmur
rtesanal	Handverk
zúcar	Sykur
acahuetes	Hnetum
acao	Kakó
alidad	Gæði
alorías	Hitaeiningar
aramelo	Karamella
oco	Kókoshneta
omer	Að Borða
elicioso	Ljúffengur
ulce	Sætur
xótico	Framandi
avorito	Uppáhalds
usto	Bragð
grediente	Efni
olvo	Duft
eceta	Uppskrift

Ciencia
Vísindi

Átomo	Atóm
Científico	Vísindamaður
Clima	Veðurfar
Datos	Gögn
Evolución	Þróun
Experimento	Tilraun
Física	Eðlisfræði
Gravedad	Þyngdarafl
Hecho	Staðreynd
Hipótesis	Tilgáta
Método	Aðferð
Minerales	Steinefni
Moléculas	Sameindir
Naturaleza	Náttúran
Observación	Athugun
Organismo	Lífveru
Partículas	Agnir
Plantas	Plöntur
Químico	Efni

Ciencia Ficción
Vísindaskáldskapur

Atómico	Lotukerfinu
Cine	Kvikmyndahús
Distante	Fjarlæg
Escenario	Atburðarás
Explosión	Sprenging
Extremo	Extreme
Fantástico	Frábær
Fuego	Eldur
Galaxia	Galaxy
Ilusión	Blekking
Imaginario	Ímyndað
Libros	Bækur
Misterioso	Dularfullur
Mundo	Heimur
Oráculo	Véfrétt
Planeta	Reikistjarna
Realista	Raunhæft
Robots	Vélmenni
Tecnología	Tækni
Utopía	Útópía

Circo
Sirkus

Acróbata	Acrobat
Animales	Dýr
Caramelo	Nammi
Carpa	Tjald
Desfile	Skrúðganga
Elefante	Fíl
Entretener	Skemmta
Espectador	Áhorfandi
Globos	Blöðrur
León	Ljón
Magia	Galdur
Mago	Töframaður
Malabarista	Júgler
Mono	Api
Mostrar	Sýna
Música	Tónlist
Payaso	Trúður
Tigre	Tiger
Traje	Búningur
Truco	Bragð

Ciudad
Bærinn

Aeropuerto	Flugvöllur
Banco	Banki
Biblioteca	Bókasafn
Cine	Kvikmyndahús
Escuela	Skóli
Estadio	Völlinn
Farmacia	Apótek
Florista	Blómabúð
Galería	Gallerí
Hotel	Hótel
Librería	Bókabúð
Mercado	Markaður
Museo	Safn
Panadería	Bakarí
Salón	Snyrtistofa
Supermercado	Matvörubúð
Teatro	Leikhús
Tienda	Verslun
Universidad	Háskóli
Zoo	Dýragarður

Clima
Veður

Atmósfera	Stjórnmál
Brisa	Gola
Cielo	Himinn
Clima	Veðurfar
Hielo	Ís
Huracán	Fellibylur
Inundación	Flóð
Monzón	Monsún
Niebla	Þóka
Nube	Ský
Polar	Polar
Rayo	Elding
Seco	Þurrt
Sequía	Þurrkar
Temperatura	Hitastig
Tormenta	Stormur
Tornado	Tornado
Tropical	Tropical
Trueno	Þrumur
Viento	Vindur

Cocina
Eldhús

Caldera	Ketill
Comer	Að Borða
Comida	Matur
Congelador	Frysti
Cucharas	Skeiðar
Cucharón	Ausa
Cuchillos	Hnífa
Delantal	Svuntu
Especias	Krydd
Esponja	Svampur
Horno	Ofn
Jarra	Könnu
Palillos	Pinnar
Parrilla	Grill
Receta	Uppskrift
Refrigerador	Ísskápur
Servilleta	Servíetta
Tazas	Bolla
Tazón	Skál
Tenedores	Forks

Colores
Litir

Amarillo	Gulur
Azul	Blár
Azur	Aftur
Beige	Beige
Blanco	Hvítur
Cian	Blágrænn
Fucsia	Fuchsia
Gris	Grár
Índigo	Indigo
Magenta	Magenta
Marrón	Brúnt
Naranja	Appelsína
Negro	Svart
Púrpura	Fjólublár
Rojo	Rauður
Rosa	Bleikur
Sepia	Sepia
Verde	Grænt
Violeta	Fjóla

Comedia
Gamanleikur

Actor	Leikari
Actriz	Leikkona
Aplauso	Lófaklapp
Audiencia	Áhorfendur
Chistes	Brandara
Diversión	Gaman
Expresivo	Svipmikill
Género	Tegund
Gracioso	Fyndið
Humor	Húmor
Improvisación	Spuni
Inteligente	Snjall
Parodia	Skopstæling
Payasos	Trúða
Risa	Hlátur
Teatro	Leikhús
Televisión	Sjónvarp

Comida #1
Matur #1

Ajo	Hvítlaukur
Albahaca	Basil
Atún	Túnfiskur
Azúcar	Sykur
Canela	Kanil
Carne	Kjöt
Cebada	Bygg
Cebolla	Laukur
Ensalada	Salat
Espinacas	Spínat
Fresa	Jarðarber
Jugo	Safa
Leche	Mjólk
Limón	Sítrónu
Menta	Myntu
Nabo	Næpa
Pera	Pera
Sal	Salt
Sopa	Súpa
Zanahoria	Gulrót

Comida #2
Matur #2

Alcachofa	Artihoke
Almendra	Mönlu
Apio	Sellerí
Arroz	Hrísgrjón
Berenjena	Eggaldin
Cereza	Kirsuber
Chocolate	Súkkulaði
Girasol	Sólblóm
Huevo	Egg
Jengibre	Engifer
Kiwi	Kíví
Manzana	Epli
Pan	Brauð
Plátano	Banani
Pollo	Kjúklingur
Queso	Ostur
Tomate	Tómat
Trigo	Hveiti
Uva	Vínber
Yogur	Jógúrt

Conduciendo
Akstur

Accidente	Slys
Calle	Gata
Camión	Vörubíll
Coche	Bíll
Combustible	Eldsneyti
Frenos	Bremsur
Garaje	Bílskúr
Gas	Gas
Licencia	Leyfi
Mapa	Kort
Motocicleta	Mótorhjól
Motor	Mótor
Peatonal	Gangandi
Peligro	Hætta
Policía	Lögreglan
Seguridad	Öryggi
Transporte	Samgöngur
Tráfico	Umferð
Túnel	Göng
Velocidad	Hraði

Conservación
Náttúruvernd

Agua	Vatn
Ambiental	Umhverfis
Cambios	Breytingar
Ciclo	Hringrás
Clima	Veðurfar
Contaminación	Mengun
Ecosistema	Vistkerfi
Educación	Menntun
Hábitat	Búsvæði
Natural	Náttúrulegt
Orgánico	Lífrænt
Pesticida	Varneiri
Reciclar	Endurvinna
Reducir	Minnka
Salud	Heilsa
Sostenible	Sjálfbær
Verde	Grænt
Voluntario	Sjálfboðaliði

Cuerpo Humano
Mannslíkaminn

Barbilla	Höku
Boca	Munnur
Cabeza	Höfuð
Cara	Andlit
Cerebro	Heili
Codo	Olnboga
Corazón	Hjarta
Cuello	Háls
Dedo	Fingur
Hombro	Öxl
Lengua	Tunga
Mano	Hönd
Nariz	Nef
Ojo	Auga
Oreja	Eyra
Piel	Húð
Pierna	Fótur
Rodilla	Hné
Sangre	Blóð
Tobillo	Ökkla

Cumpleaños
Afmælisdagur

Alegre	Glaður
Amigos	Vinir
Año	Ár
Aprender	Að Læra
Calendario	Dagatal
Canción	Lag
Celebración	Hátíð
Día	Dagur
Especial	Sérstakt
Feliz	Hamingjusamur
Invitaciones	Boð
Joven	Ungur
Partido	Partí
Pastel	Kaka
Recuerdos	Minningar
Regalo	Gjöf
Sabiduría	Viski
Tarjetas	Spil
Tiempo	Tími
Velas	Kerti

Deportes
Íþróttir

Atleta	Íþróttamaður
Árbitro	Dómari
Baloncesto	Körfubolti
Béisbol	Hafnabolti
Bicicleta	Reiðhjól
Campeonato	Úrslita
Entrenador	Þjálfari
Equipo	Lið
Estadio	Völlinn
Ganador	Sigurvegari
Gimnasia	Leikfimi
Gimnasio	Íþróttahús
Golf	Golf
Hockey	Hokkí
Juego	Leikur
Jugador	Leikmaður
Movimiento	Samtök
Nadar	Að Synda
Tenis	Tennis

Dinosaurios
Risaeðlur

Alas	Vængi
Carnívoro	Kjötæta
Cola	Hali
Desaparición	Hvarf
Enorme	Gífurlegur
Especie	Tegund
Evolución	Þróun
Grande	Stór
Herbívoro	Jurtæta
Mamut	Mammoth
Omnívoro	Omnivore
Poderoso	Öflugur
Prehistórico	Forsögulegum
Presa	Bráð
Reptil	Skriðdýr
Tamaño	Stærð
Tierra	Jörð
Vicioso	Grimmur

Disciplinas Científicas
Vísindalegum Greinum

Anatomía	Líffærafræði
Astronomía	Stjörnufræði
Biología	Líffræði
Bioquímica	Lífefnafræði
Botánica	Grasafræði
Ecología	Vistfræði
Fisiología	Lífeðlisfræði
Geología	Jarðfræði
Inmunología	Ónæmisfræði
Lingüística	Málvísindi
Mecánica	Vélfræði
Meteorología	Veðurfræði
Mineralogía	Steindafræði
Neurología	Taugafræði
Nutrición	Næring
Psicología	Sálfræði
Química	Efnafræði
Sociología	Félagsfræði
Termodinámica	Varmafræði
Zoología	Dýrafræði

Días y Meses
Dagar og Mánuðir

Abril	Apríl
Agosto	Ágúst
Año	Ár
Calendario	Dagatal
Domingo	Sunnudagur
Enero	Janúar
Febrero	Febrúar
Jueves	Fimmtudagur
Julio	Júlí
Junio	Júní
Lunes	Mánudagur
Martes	Þriðjudagur
Mes	Mánuður
Miércoles	Miðvikudagur
Noviembre	Nóvember
Octubre	Október
Sábado	Laugardagur
Semana	Vika
Septiembre	September
Viernes	Föstudagur

Ecología
Vistfræði

Clima	Veðurfar
Comunidades	Samfélög
Diversidad	Fjölbreytni
Especie	Tegund
Fauna	Dýralíf
Flora	Flora
Global	Alþjóðlegt
Hábitat	Búsvæði
Marino	Sjávar
Montañas	Fjöll
Natural	Náttúrulegt
Naturaleza	Náttúran
Pantano	Marsh
Plantas	Plöntur
Recursos	Auðlindir
Sequía	Þurrkar
Sostenible	Sjálfbær
Supervivencia	Lifun
Vegetación	Gróður

Edificios
Byggingar

Apartamento	Íbúð
Cabina	Klefa
Casa	Hús
Castillo	Kastali
Cine	Kvikmyndahús
Embajada	Sendiráð
Escuela	Skóli
Estadio	Völlinn
Fábrica	Verksmiðju
Garaje	Bílskúr
Granero	Hlöðu
Granja	Bær
Hospital	Sjúkrahús
Hotel	Hótel
Museo	Safn
Observatorio	Observatory
Supermercado	Matvörubúð
Teatro	Leikhús
Torre	Turn
Universidad	Háskóli

Emociones
Tilfinningar

Aburrimiento	Leiðindi
Agradecido	Þakklátur
Alegría	Gleði
Alivio	Léttir
Amor	Ást
Avergonzado	Vandræðalegur
Beatitud	Sæla
Bondad	Góðvild
Calma	Logn
Contenido	Efni
Emocionado	Spennt
Ira	Reiði
Miedo	Ótti
Paz	Friður
Relajado	Afslappaður
Satisfecho	Fullnægt
Simpatía	Samúð
Ternura	Fymsli
Tranquilidad	Ró
Tristeza	Sorg

Escalada
Klifur

Altitud	Hæð
Atmósfera	Stjórnmál
Botas	Stígvél
Casco	Hjálmur
Cueva	Helli
Curiosidad	Forvitni
Estabilidad	Stöðugleiki
Estrecho	Þröngt
Experto	Sérfræðingur
Físico	Líkamlegt
Formación	Þjálfun
Fuerza	Styrkur
Guantes	Hanska
Guías	Leiðsögumenn
Lesión	Meiðslum
Mapa	Kort
Senderismo	Gönguferðir
Terreno	Landslagi

Escuela #1
Skólanum #1

Alfabeto	Stafrófið
Almuerzo	Hádegisverður
Amigos	Vinir
Aprender	Að Læra
Aula	Skólastofa
Biblioteca	Bókasafn
Carpetas	Möppur
Diversión	Gaman
Escritorio	Skrifborð
Exámenes	Próf
Lápiz	Blýantur
Libros	Bækur
Marcadores	Merkjum
Matemática	Stærðfræði
Números	Tölur
Papel	Pappír
Plumas	Penna
Profesor	Kennari
Respuestas	Svör
Silla	Stól

Escuela #2
Skólanum #2

Académico	Akademískt
Autobús	Rútu
Biblioteca	Bókasafn
Calendario	Dagatal
Ciencia	Vísindi
Diccionario	Orðabók
Educación	Menntun
Gramática	Málfræði
Juegos	Leikir
Lápiz	Blýantur
Lectura	Lestur
Libros	Bækur
Literatura	Bókmenntir
Mochila	Bakpoki
Ordenador	Tölvu
Papel	Pappír
Profesor	Kennari
Ropa	Föt
Suministros	Vistir
Tijeras	Skæri

Especias
Krydd

Agrio	Súr
Ajo	Hvítlaukur
Amargo	Bitur
Anís	Anís
Azafrán	Saffran
Canela	Kanil
Cebolla	Laukur
Clavo	Negull
Comino	Kúmen
Curry	Karrý
Dulce	Sætur
Hinojo	Fennel
Jengibre	Engifer
Nuez Moscada	Múskat
Pimentón	Paprika
Pimienta	Pipar
Regaliz	Lakkrís
Sabor	Bragð
Sal	Salt
Vainilla	Vanillu

Exploración
Könnun

Actividad	Virkni
Agotamiento	Mæði
Animales	Dýr
Aprender	Að Læra
Búsqueda	Leit
Coraje	Hugrekki
Culturas	Menningu
Desconocido	Óþekkt
Descubrimiento	Uppgötvun
Determinación	Ákvörðun
Distante	Fjarlæg
Emoción	Spennan
Espacio	Rúm
Idioma	Tungumál
Nuevo	Nýtt
Peligroso	Hættulegur
Salvaje	Villt
Terreno	Landslagi
Viaje	Ferðast

Familia
Fjölskylda

Abuela	Amma
Abuelo	Afi
Antepasado	Forfaðir
Esposa	Eiginkona
Gemelos	Tvíburar
Hermana	Systir
Hermano	Bróðir
Hija	Dóttir
Infancia	Barnæska
Madre	Móðir
Marido	Eiginmaður
Materno	Móður
Nieto	Barnabarn
Niño	Barn
Niños	Börn
Padre	Faðir
Paterno	Ingar
Sobrino	Frændi
Tía	Frænka
Tío	Frændi

Flores
Blóm

Amapola	Poppy
Caléndula	Calendula
Diente de León	Fífill
Gardenia	Toga
Girasol	Sólblóm
Hibisco	Hibiscus
Jazmín	Jasmine
Lavanda	Lofnarblóm
Lila	Líla
Lirio	Lily
Magnolia	Magnolia
Margarita	Daisy
Orquídea	Orchid
Pasionaria	Ástríðublóm
Peonía	Peony
Pétalo	Krónublað
Ramo	Vönd
Rosa	Rós
Trébol	Smári
Tulipán	Túlipan

Formas
Form

Arco	Arc
Bordes	Brúnir
Cilindro	Strokka
Círculo	Hring
Cono	Keila
Cuadrado	Ferningur
Cubo	Teningur
Curva	Ferill
Elipse	Sporbaug
Esfera	Kúla
Esquina	Horn
Hipérbola	Hyperbola
Lado	Hlið
Línea	Lína
Oval	Sporöskjulaga
Pirámide	Pýramída
Polígono	Marghyrning
Prisma	Prism
Rectángulo	Rétthyrningur
Triángulo	Þríhyrningur

Fruta
Ávextir

Aguacate	Avókadó
Albaricoque	Apríkósa
Baya	Ber
Cereza	Kirsuber
Coco	Kókoshneta
Frambuesa	Hindberjum
Guayaba	Guava
Kiwi	Kíví
Limón	Sítrónu
Mango	Mangó
Manzana	Epli
Melocotón	Ferskja
Melón	Melóna
Naranja	Appelsína
Nectarina	Nectarine
Papaya	Papaya
Pera	Pera
Piña	Ananas
Plátano	Banani
Uva	Vínber

Gatos
Kettir

Afectuoso	Ástúðlegur
Cazador	Veiðimaður
Cola	Hali
Curioso	Forvitinn
Dormir	Sofa
Garra	Kló
Gracioso	Fyndið
Hilo	Garn
Independiente	Óháður
Juguetón	Fjörugur
Loco	Brjálaður
Pata	Klóm
Personalidad	Persónuleiki
Piel	Feldur
Ratón	Mús
Rápido	Hratt
Salvaje	Villt
Tímido	Feimin

Geografía
Landafræði

Altitud	Hæð
Atlas	Atlas
Ciudad	Borg
Continente	Álfunni
Hemisferio	Jarðar
Isla	Eyja
Latitud	Breidd
Longitud	Lengdargráðu
Mapa	Kort
Mar	Sjó
Meridiano	Meridian
Montaña	Fjall
Mundo	Heimur
Norte	Norður
Oeste	Vestur
País	Land
Región	Svæði
Río	River
Sur	Suður
Territorio	Yfirráðasvæði

Geología
Jarðfræði

Ácido	Sýra
Calcio	Kalsíum
Capa	Lag
Caverna	Helli
Continente	Álfunni
Coral	Kórall
Cristales	Kristallar
Cuarzo	Kvars
Erosión	Rof
Estalactita	Stalactite
Estalagmitas	Stalagmites
Géiser	Goshver
Lava	Hraun
Meseta	Hálendi
Minerales	Steinefni
Piedra	Steinn
Sal	Salt
Terremoto	Jarðskjálfti
Volcán	Eldfjall
Zona	Svæði

Granja #1
Bær #1

Abeja	Bí
Agricultura	Landbúnaður
Agua	Vatn
Arroz	Hrísgrjón
Burro	Asni
Caballo	Hestur
Cabra	Geit
Campo	Engi
Cuervo	Kráka
Fertilizante	Áburður
Gato	Köttur
Heno	Hey
Miel	Hunang
Perro	Hundur
Pollo	Kjúklingur
Semillas	Fræ
Ternero	Kálfur
Tierra	Land
Vaca	Kýr
Valla	Girðing

Granja #2
Bær #2

Agricultor	Bóndi
Animales	Dýr
Cebada	Bygg
Colmena	Býflugnabú
Comida	Matur
Cordero	Lamb
Fruta	Ávöxtur
Granero	Hlöðu
Huerto	Aldingarður
Leche	Mjólk
Llama	Lamadýr
Maíz	Korn
Oveja	Kind
Pastor	Hirðir
Pato	Önd
Prado	Engi
Riego	Áveitu
Tractor	Dráttarvél
Trigo	Hveiti
Vegetal	Grænmeti

Herboristería
Grasalækningar

Ajo	Hvítlaukur
Albahaca	Basil
Aromático	Ilmandi
Azafrán	Saffran
Calidad	Gæði
Culinario	Matreiðslu
Eneldo	Dill
Estragón	Estragon
Flor	Blóm
Hinojo	Fennel
Ingrediente	Efni
Jardín	Garður
Lavanda	Lofnarblóm
Mejorana	Marjoram
Menta	Myntu
Perejil	Steinselja
Planta	Planta
Romero	Rósmarín
Sabor	Bragð
Verde	Grænt

Herramientas
Verkfæri

Alicates	Tangir
Antorcha	Kyndill
Cable	Kabel
Cuchillo	Hníf
Cuerda	Reipi
Escalera	Stigi
Grapa	Hefta
Grapadora	Heftari
Hacha	Öxi
Martillo	Hamar
Mazo	Mallet
Navaja	Rakvél
Pala	Moka
Pegamento	Lím
Regla	Höfðingja
Rueda	Hjól
Tijeras	Skæri
Tornillo	Skrúfa

Insectos
Skordýr

Abeja	Bí
Avispa	Geitungur
Avispón	Hornet
Áfido	Plöntulús
Cigarra	Cicada
Cucaracha	Kakkalakki
Escarabajo	Bjalla
Gusano	Ormur
Hormiga	Maur
Langosta	Engisprettur
Larva	Lirva
Libélula	Dragonfly
Mantis	Mantis
Mariposa	Fiðrildi
Mariquita	Frípur
Mosquito	Fluga
Polilla	Möl
Pulga	Fló
Saltamontes	Graskúla
Termita	Termite

Instrumentos Musicales
Hljóðfæri

Armónica	Munnhörpu
Arpa	Harpa
Banjo	Banjó
Clarinete	Klarinett
Fagot	Fagott
Flauta	Flautu
Gong	Gong
Guitarra	Gítar
Mandolina	Mandólín
Marimba	Marimba
Oboe	Óbó
Pandereta	Bumbur
Percusión	Slagverk
Piano	Píanó
Saxofón	Saxófón
Tambor	Tromma
Trombón	Básúna
Trompeta	Trompet
Violín	Fiðlu
Violonchelo	Selló

Jardín
Garðinum

Arbusto	Bush
Árbol	Tré
Banco	Bekkur
Césped	Grasflöt
Estanque	Tjörn
Flor	Blóm
Garaje	Bílskúr
Hamaca	Hengirúm
Hierba	Gras
Huerto	Aldingarður
Jardín	Garður
Malezas	Illgresi
Manguera	Slönguna
Pala	Moka
Rastrillo	Hrífa
Rocas	Steinar
Suelo	Jarðvegur
Terraza	Verönd
Trampolín	Trampólín
Valla	Girðing

Juguetes
Leikföng

Ajedrez	Skák
Arcilla	Leir
Artesanía	Handverk
Avión	Flugvél
Barco	Bátur
Bicicleta	Reiðhjól
Bola	Bolti
Camión	Vörubíll
Coche	Bíll
Cometa	Flugdreka
Favorito	Uppáhalds
Imaginación	Ímyndunarafl
Juegos	Leikir
Libros	Bækur
Muñeca	Dúkka
Pinturas	Málningu
Robot	Vélmenni
Rompecabezas	Þraut
Tambores	Trommur
Tren	Lest

Libros
Bækur

Autor	Höfundur
Aventura	Ævintýri
Colección	Safn
Contexto	Samhengi
Dualidad	Tvíeðli
Escrito	Skrifað
Historia	Saga
Histórico	Sögulegt
Humorístico	Gamansamur
Inventivo	Frumleg
Lector	Lesandi
Literario	Bókmennta
Narrador	Sögumaður
Novela	Skáldsaga
Palabras	Orð
Página	Síða
Pertinente	Viðeigandi
Poema	Ljóð
Serie	Röð
Trágico	Hörmulega

Literatura
Bókmenntir

Analogía	Líkingar
Análisis	Greining
Anécdota	E.
Autor	Höfundur
Biografía	Ævisaga
Comparación	Samanburður
Conclusión	Niðurstaða
Descripción	Lýsing
Diálogo	Umræðu
Estilo	Stíl
Ficción	Skáldskapur
Metáfora	Myndlíking
Narrador	Sögumaður
Novela	Skáldsaga
Poema	Ljóð
Poético	Ljóðræn
Rima	Rím
Ritmo	Taktur
Tema	Þema
Tragedia	Harmleikur

Mamíferos
Spendýr

Ballena	Hvalur
Burro	Asni
Caballo	Hestur
Camello	Úlfalda
Canguro	Kengúra
Cebra	Zebra
Conejo	Kanína
Coyote	Sléttuúlfur
Delfín	Höfrungur
Elefante	Fíl
Gato	Köttur
Gorila	Górilla
Jirafa	Gíraffi
Lobo	Úlfur
Mono	Api
Oso	Björn
Oveja	Kind
Perro	Hundur
Toro	Naut
Zorro	Refur

Mascotas
æludýr

gua	Vatn
abra	Geit
achorro	Hvolpur
ola	Hali
ollar	Kraga
omida	Matur
onejo	Kanína
orrea	Taumur
arras	Klær
atito	Kettlingur
ato	Köttur
ámster	Hamstur
agarto	Eðla
oro	Páfagaukur
erro	Hundur
escado	Fiskur
atón	Mús
ortuga	Skjaldbaka
aca	Kýr
eterinario	Dýralæknir

Matemáticas
Stærðfræði

Aritmética	Tölur
Ángulos	Horn
Circunferencia	Ummál
Cuadrado	Ferningur
Decimal	Aukastaf
Diámetro	Þvermál
Ecuación	Jafna
Esfera	Kúla
Exponente	Veldisvísir
Fracción	Brot
Geometría	Rúmfræði
Paralelo	Samhliða
Paralelogramo	Hjálíðalogram
Perímetro	Jaðar
Polígono	Marghyrning
Radio	Radíus
Rectángulo	Rétthyrningur
Simetría	Samhverfu
Triángulo	Þríhyrningur
Volumen	Bindi

Mediciones
Mælingar

Altura	Hæð
Ancho	Breidd
Byte	Bæti
Centímetro	Sentimetr
Decimal	Aukastaf
Grado	Gráða
Gramo	Gramm
Kilogramo	Kíló
Kilómetro	Kílómetra
Litro	Lítri
Longitud	Lengd
Masa	Messi
Metro	Mælir
Minuto	Mínúta
Onza	Únsa
Peso	Þyngd
Profundidad	Dýpt
Pulgada	Tommu
Tonelada	Tonn
Volumen	Bindi

Meditación
ugleiðsla

ceptación	Samþykki
tención	Athygli
ondad	Góðvild
alma	Logn
laridad	Skýrleiki
ompasión	Samúð
mociones	Tilfinningar
elicidad	Hamingja
ratitud	Þakklæti
ental	Andlegt
ente	Huga
ovimiento	Samtök
úsica	Tónlist
aturaleza	Náttúran
bservación	Athugun
az	Friður
ensamientos	Hugsanir
erspectiva	Sjónarhorni
espiración	Öndun
ilencio	Þögn

Mitología
Goðafræði

Arquetipo	Arketype
Celos	Öfund
Cielo	Himnaríki
Comportamiento	Hegðun
Creación	Sköpun
Creencias	Viðhorf
Criatura	Skepna
Cultura	Menning
Desastre	Hörmung
Fuerza	Styrkur
Guerrero	Stríðsmaður
Héroe	Hetja
Inmortalidad	Ódauðleika
Laberinto	Völundarhús
Leyenda	Þjóðsaga
Monstruo	Skrímsli
Mortal	Dauðleg
Rayo	Elding
Trueno	Þrumur
Venganza	Hefnd

Mueble
Húsgögn

Alfombra	Gólfmotta
Almohada	Koddi
Banco	Bekkur
Cama	Rúm
Cojines	Púðar
Colchón	Dýna
Cortinas	Gluggatjöld
Cómoda	Kommóða
Edredones	Hugga
Escritorio	Skrifborð
Espejo	Spegill
Estantería	Bókaskápur
Estantes	Hillur
Hamaca	Hengirúm
Lámpara	Lampi
Silla	Stól
Sillón	Hægindastóll
Sofá	Sófanum

Naturaleza
Náttúran

Abejas	Býflugur
Animales	Dýr
Ártico	Arktískur
Belleza	Fegurð
Bosque	Skógur
Desierto	Eyðimörk
Dinámico	Kvik
Erosión	Rof
Follaje	Sm
Glaciar	Jökull
Niebla	Þoka
Nubes	Ský
Pacífico	Friðsælt
Refugio	Skjól
Río	River
Salvaje	Villt
Santuario	Helgidómur
Sereno	Serene
Tropical	Tropical
Vital	Líflegt

Nutrición
Næringu

Amargo	Bitur
Apetito	Matarlyst
Calidad	Gæði
Calorías	Hitaeiningar
Carbohidratos	Kolvetni
Cereales	Korn
Comestible	Ætur
Dieta	Mataræði
Digestión	Melting
Equilibrado	Rólegur
Fermentación	Gerjun
Nutriente	Næringarefni
Peso	Þyngd
Proteínas	Prótein
Sabor	Bragð
Salsa	Sósa
Salud	Heilsa
Saludable	Heilbrigður
Toxina	Eiturefni
Vitamina	Vítamín

Números
Tölur

Catorce	Fjórtán
Cero	Núll
Cinco	Fimm
Cuatro	Fjórir
Decimal	Aukastaf
Diecinueve	Nítján
Dieciocho	Átján
Dieciséis	Sextán
Diecisiete	Sautján
Diez	Tíu
Doce	Tólf
Dos	Tveir
Nueve	Níu
Ocho	Átta
Quince	Fimmtán
Seis	Sex
Siete	Sjö
Trece	Þrettán
Tres	Þrír
Veinte	Tuttugu

Océano
Haf

Alga	Þörunga
Anguila	Áll
Arrecife	Rif
Atún	Túnfiskur
Ballena	Hvalur
Barco	Bátur
Camarón	Rækja
Cangrejo	Krabbi
Coral	Kórall
Delfín	Höfrungur
Esponja	Svampur
Mareas	Sjávarföll
Medusa	Marglytta
Ostra	Ostra
Pescado	Fiskur
Pulpo	Kolkrabbi
Sal	Salt
Tiburón	Hákarl
Tormenta	Stormur
Tortuga	Skjaldbaka

Paisajes
Landslag

Cascada	Foss
Cueva	Helli
Desierto	Eyðimörk
Estuario	Árós
Géiser	Goshver
Glaciar	Jökull
Iceberg	Ísberg
Isla	Eyja
Lago	Stöðuvatn
Laguna	Lón
Mar	Sjó
Montaña	Fjall
Oasis	Vin
Pantano	Mýri
Península	Skagi
Playa	Fjara
Río	River
Tundra	Tundra
Valle	Dalur
Volcán	Eldfjall

Países #2
Löndum #2

Albania	Albanía
Australia	Ástralía
Austria	Austurríki
Dinamarca	Danmörk
Etiopía	Eþíópía
Francia	Frakkland
Grecia	Grikkland
Indonesia	Indónésía
Irlanda	Írland
Jamaica	Jamaíka
Japón	Japan
Laos	Laos
México	Mexíkó
Pakistán	Pakistan
Portugal	Portúgal
Rusia	Rússland
Siria	Sýrland
Sudán	Súdan
Ucrania	Úkraína
Uganda	Úganda

Pájaros
Fuglar

Avestruz	Strútur
Águila	Örn
Cigüeña	Storkur
Cisne	Svanur
Cuco	Gaukur
Cuervo	Kráka
Flamenco	Flamingo
Ganso	Gæs
Garza	Heron
Gaviota	Máfur
Gorrión	Sparrow
Halcón	Haukur
Huevo	Egg
Loro	Páfagaukur
Paloma	Dúfa
Pato	Önd
Pelícano	Pelican
Pingüino	Mörgæs
Pollo	Kjúklingur
Tucán	Toucan

Pesca
Veiðar

Agua	Vatn
Aletas	Uggar
Barco	Bátur
Branquias	Tálkn
Cable	Vír
Cebo	Beita
Cesta	Karfa
Cocinar	Elda
Equipo	Búnaður
Exageración	Ýkjur
Gancho	Krókur
Lago	Stöðuvatn
Mandíbula	Kjálka
Océano	Haf
Paciencia	Þolinmæði
Peso	Þyngd
Playa	Fjara
Río	River
Temporada	Árstíð

Piratas
Sjóræningjar

Ancla	Akkeri
Aventura	Ævintýri
Bandera	Fána
Brújula	Áttavita
Capitán	Kaptein
Cicatriz	Ör
Cueva	Helli
Espada	Sverð
Isla	Eyja
Leyenda	Þjóðsaga
Loro	Páfagaukur
Malo	Slæmt
Mapa	Kort
Monedas	Mynt
Oro	Gull
Peligro	Hætta
Playa	Fjara
Ron	Romm
Tesoro	Fjársjóður
Tripulación	Áhöfn

Plantas
Plöntur

Arbusto	Bush
Árbol	Tré
Bambú	Bambus
Baya	Ber
Bosque	Skógur
Botánica	Grasafræði
Cactus	Kaktus
Fertilizante	Áburður
Flor	Blóm
Flora	Flora
Follaje	Sm
Frijol	Baun
Hiedra	Ivy
Hierba	Gras
Hoja	Lauf
Jardín	Garður
Musgo	Moss
Pétalo	Krónublað
Raíz	Rót
Vegetación	Gróður

Playa
Strönd

Arena	Sandur
Arrecife	Rif
Azul	Blár
Barco	Bátur
Cangrejo	Krabbi
Costa	Ströndinni
Isla	Eyja
Laguna	Lón
Mar	Sjó
Nadar	Að Synda
Océano	Haf
Paraguas	Regnhlíf
Sandalias	Skó
Sol	Sól
Toalla	Handklæði
Vacaciones	Frí
Velero	Seglbátur

Profesiones #1
Störfum #1

Abogado	Lögmaður
Artista	Listamaður
Atleta	Íþróttamaður
Bailarín	Dansari
Banquero	Bankastjóri
Cazador	Veiðimaður
Científico	Vísindamaður
Contable	Endurskoðandi
Doctor	Læknir
Editor	Ritstjóri
Embajador	Sendiherra
Entrenador	Þjálfari
Geólogo	Jarðfræðingur
Joyero	Skartgripir
Marinero	Sjómaður
Mecánico	Vélvirki
Pianista	Píanóleikari
Psicólogo	Sálfræðingur
Sastre	Klæðskeri
Veterinario	Dýralæknir

Profesiones #2
Störfum #2

Agricultor	Bóndi
Astronauta	Geimfari
Biólogo	Líffræðingur
Cirujano	Skurðlæknir
Dentista	Tannlækni
Detective	Einkaspæjara
Editor	Útgefandi
Filósofo	Heimspekingur
Fotógrafo	Ljósmyndari
Ilustrador	Teiknari
Ingeniero	Verkfræðingur
Investigador	Rannsóknir
Médico	Lækni
Periodista	Blaðamaður
Piloto	Flugmaður
Pintor	Málari
Profesor	Kennari
Químico	Efnafræðingur
Zoólogo	Dýrafræðingur

Restaurante #1
Veitingastaður #1

Alergia	Ofnæmi
Café	Kaffi
Cajero	Gjaldkeri
Carne	Kjöt
Cocina	Eldhús
Comer	Að Borða
Comida	Matur
Cuchillo	Hníf
Ingredientes	Hráefni
Menú	Matseðill
Pan	Brauð
Picante	Sterkan
Plato	Diskur
Pollo	Kjúklingur
Postre	Eftirréttur
Reserva	Pöntun
Salsa	Sósa
Servilleta	Servíetta
Tazón	Skál

Restaurante #2
Veitingastaður #2

Agua	Vatn
Almuerzo	Hádegisverður
Aperitivo	Forréttur
Bebida	Drykkur
Camarero	Þjónn
Cena	Kvöldmatur
Cuchara	Skeið
Delicioso	Ljúffengur
Ensalada	Salat
Especias	Krydd
Fruta	Ávöxtur
Hielo	Ís
Huevos	Egg
Pastel	Kaka
Pescado	Fiskur
Sal	Salt
Silla	Stól
Sopa	Súpa
Tenedor	Gaffal
Verduras	Grænmeti

Ropa
Fötin

Abrigo	Kápu
Blusa	Blússa
Bufanda	Trefil
Camisa	Skyrta
Chaqueta	Jakki
Cinturón	Belti
Collar	Hálsmen
Delantal	Svuntu
Falda	Pils
Guantes	Hanska
Joyas	Skartgripir
Moda	Tíska
Pantalones	Buxur
Pijama	Náttföt
Pulsera	Armband
Sandalias	Skó
Sombrero	Hattur
Suéter	Peysa
Vestido	Kjóll
Zapato	Skór

Selva Tropical
Regnskógur

Anfibios	Froskdýr
Botánico	Botanical
Clima	Veðurfar
Comunidad	Samfélag
Diversidad	Fjölbreytni
Especie	Tegund
Indígena	Frumbyggja
Insectos	Skordýr
Mamíferos	Spendýr
Musgo	Moss
Naturaleza	Náttúran
Nubes	Ský
Pájaros	Fuglar
Preservación	Varðveislu
Refugio	Athvarf
Respeto	Virðing
Restauración	Endurreisn
Selva	Frumskógur
Supervivencia	Lifun
Valioso	Dýrmætur

Senderismo
Gönguferðir

Acantilado	Bjarg
Agua	Vatn
Animales	Dýr
Botas	Stígvél
Camping	Útjæða
Cansado	Þreyttur
Clima	Veðurfar
Cumbre	Fundinum
Guías	Leiðsögumenn
Mapa	Kort
Montaña	Fjall
Mosquitos	Moskítóflugur
Naturaleza	Náttúran
Orientación	Stefnumörkun
Parques	Garður
Pesado	Þungt
Piedras	Steinar
Preparación	Undirbúningur
Salvaje	Villt
Sol	Sól

Suministros de Arte
List Vistir

Aceite	Olía
Acrílico	Akrýl
Acuarelas	Vatnslitir
Agua	Vatn
Arcilla	Leir
Borrador	Strokleður
Caballete	Glæsla
Cámara	Myndavél
Cepillos	Burstar
Colores	Liti
Creatividad	Sköpun
Ideas	Hugmyndir
Lápices	Blýantar
Mesa	Borð
Papel	Pappír
Pasteles	Pastellitir
Pegamento	Lím
Pinturas	Málningu
Silla	Stól
Tinta	Blek

Surf
Brimbretti

Arrecife	Rif
Atleta	Íþróttamaður
Campeón	Meistari
Clima	Veður
Diversión	Gaman
Espuma	Froðu
Estilo	Stíl
Estómago	Magi
Extremo	Extreme
Fuerza	Styrkur
Multitudes	Mannfjöldi
Nadar	Að Synda
Océano	Haf
Ola	Bylgja
Playa	Fjara
Popular	Vinsæll
Principiante	Byrjandi
Rociar	Úða
Velocidad	Hraði

Tecnología
Tækni

Archivo	Skrá
Blog	Blogg
Bytes	Bæti
Cámara	Myndavél
Cursor	Bendill
Datos	Gögn
Digital	Stafræn
Estadísticas	Tölfræði
Fuente	Leturgerð
Internet	Netið
Investigación	Rannsóknir
Mensaje	Skilaboð
Navegador	Vafra
Ordenador	Tölvu
Pantalla	Skjár
Seguridad	Öryggi
Software	Hugbúnaður
Virtual	Raunverulegur
Virus	Veira

Tiempo
Tíminn

Ahora	Núna
Antes	Áður
Anual	Árlega
Año	Ár
Ayer	Í Gær
Calendario	Dagatal
Década	Áratugur
Día	Dagur
Futuro	Framtíð
Hora	Klukkustund
Hoy	Í Dag
Mañana	Morgunn
Mediodía	Hádegi
Mes	Mánuður
Minuto	Mínúta
Momento	Augnablik
Noche	Nótt
Reloj	Klukka
Semana	Vika
Siglo	Öld

Tipos de Cabello
Hárið Tegundir

Blanco	Hvítur
Brillante	Glansandi
Cabelludo	Hársvörð
Calvo	Sköllóttur
Corto	Stutt
Delgada	Þunnur
Gris	Grár
Grueso	Þykkur
Largo	Langt
Marrón	Brúnt
Negro	Svart
Plata	Silfur
Rizado	Hrokkið
Rizos	Krulla
Rubio	Ljóshærður
Saludable	Heilbrigður
Seco	Þurr
Suave	Mjúkur
Trenzado	Fléttum
Trenzas	Fléttur

Vacaciones #2
Frí #2

Aeropuerto	Flugvöllur
Camping	Útjæða
Carpa	Tjald
Destino	Áfangastaður
Extranjero	Útlendingur
Fotos	Myndir
Hotel	Hótel
Isla	Eyja
Mapa	Kort
Mar	Sjó
Montañas	Fjöll
Ocio	Tímist
Pasaporte	Vegabréf
Playa	Fjara
Taxi	Taxi
Transporte	Samgöngur
Tren	Lest
Vacaciones	Frí
Viaje	Ferð

Vehículos
Ökutæki

Ambulancia	Sjúkrabíll
Autobús	Rútu
Avión	Flugvél
Balsa	Fleki
Barco	Bátur
Bicicleta	Reiðhjól
Camión	Vörubíll
Caravana	Hjólhýsi
Coche	Bíll
Cohete	Eldflaug
Ferry	Ferja
Furgoneta	Van
Helicóptero	Þyrla
Lanzadera	Skutla
Motor	Mótor
Neumáticos	Dekk
Submarino	Kafbátur
Taxi	Taxi
Tractor	Dráttarvél
Tren	Lest

Verano
Sumar

Alegría	Gleði
Amigos	Vinir
Buceo	Köfun
Comida	Matur
Estrellas	Stjörnur
Familia	Fjölskylda
Hogar	Heim
Jardín	Garður
Juegos	Leikir
Libros	Bækur
Mar	Sjó
Música	Tónlist
Nadar	Að Synda
Ocio	Tímist
Playa	Fjara
Recuerdos	Minningar
Relajación	Slökun
Sandalias	Skó
Vacaciones	Frí
Viaje	Ferðast

Verduras
Grænmeti

Ajo	Hvítlaukur
Alcachofa	Artihoke
Apio	Sellerí
Berenjena	Eggaldin
Brócoli	Spergilkál
Calabaza	Grasker
Cebolla	Laukur
Ensalada	Salat
Espinacas	Spínat
Guisante	Pea
Jengibre	Engifer
Nabo	Næpa
Oliva	Ólíf
Patata	Kartöflu
Pepino	Gúrku
Perejil	Steinselja
Rábano	Ræðja
Seta	Sveppir
Tomate	Tómat
Zanahoria	Gulrót

Virtudes #1
Dyggðir #1

Apasionado	Ástríðufullur
Artístico	Listrænn
Bien	Góður
Curioso	Forvitinn
Decisivo	Afgerandi
Eficiente	Skilvirkur
Encantador	Heillandi
Fiable	Árauðast
Generoso	Örlátur
Gracioso	Fyndið
Imaginativo	Hugmyndaríkur
Independiente	Óháður
Inteligente	Greindur
Limpio	Hreint
Modesto	Hógvær
Paciente	Sjúklingur
Práctico	Hagnýt
Sabio	Vitur
Útil	Hjálpsamur

Enhorabuena

Lo has conseguido!

Esperamos que hayas disfrutado de este libro tanto como nosotros al diseñarlo. Nos esforzamos por crear libros de la máxima calidad posible.
Esta edición está diseñada para proporcionar un aprendizaje inteligente, de calidad y divertido!

¿Te ha gustado este libro?

Una Petición Sencilla

Estos libros existen gracias a las reseñas que se publican.
¿Podrías ayudarnos dejando una reseña ahora?
Aquí tienes un breve enlace a la página de reseñas

BestBooksActivity.com/Opiniones50

¡DESAFÍO FINAL!

Reto n°1

¿Estás listo para tu juego gratis? Los utilizamos siempre, pero no son tan fáciles de encontrar. ¡Aquí están los **Sinónimos!**

Escribe 5 palabras que hayas encontrado en los rompecabezas (#21, #36, #76) y trata de encontrar 2 sinónimos para cada palabra.

Escriba 5 palabras del **Puzzle 21**

Palabras	Sinónimo 1	Sinónimo 2

Escriba 5 palabras del **Puzzle 36**

Palabras	Sinónimo 1	Sinónimo 2

Escriba 5 palabras del **Puzzle 76**

Palabras	Sinónimo 1	Sinónimo 2

Reto n°2

Ahora que te has calentado, escribe 5 palabras que hayas encontrado en los Puzzles 9, 17 y 25 e intenta encontrar 2 antónimos para cada palabra. ¿Cuántos puedes encontrar en 20 minutos?

Escriba 5 palabras del **Puzzle 9**

Palabras	Antónimo 1	Antónimo 2

Escriba 5 palabras del **Puzzle 17**

Palabras	Antónimo 1	Antónimo 2

Escriba 5 palabras del **Puzzle 25**

Palabras	Antónimo 1	Antónimo 2

Reto n°3

¡Genial! Este desafío final no es nada para ti.

¿Preparado para el reto final? Elige 10 palabras que hayas descubierto en los diferentes rompecabezas y escríbelas a continuación.

1.	6.
2.	7.
3.	8.
4.	9.
5.	10.

Ahora escribe un texto pensando en una persona, un animal o un lugar que te guste.

Puedes usar la última página de este libro como borrador.

Tu Composición:

CUADERNO DE NOTAS :

HASTA PRONTO !

Todo el Equipo

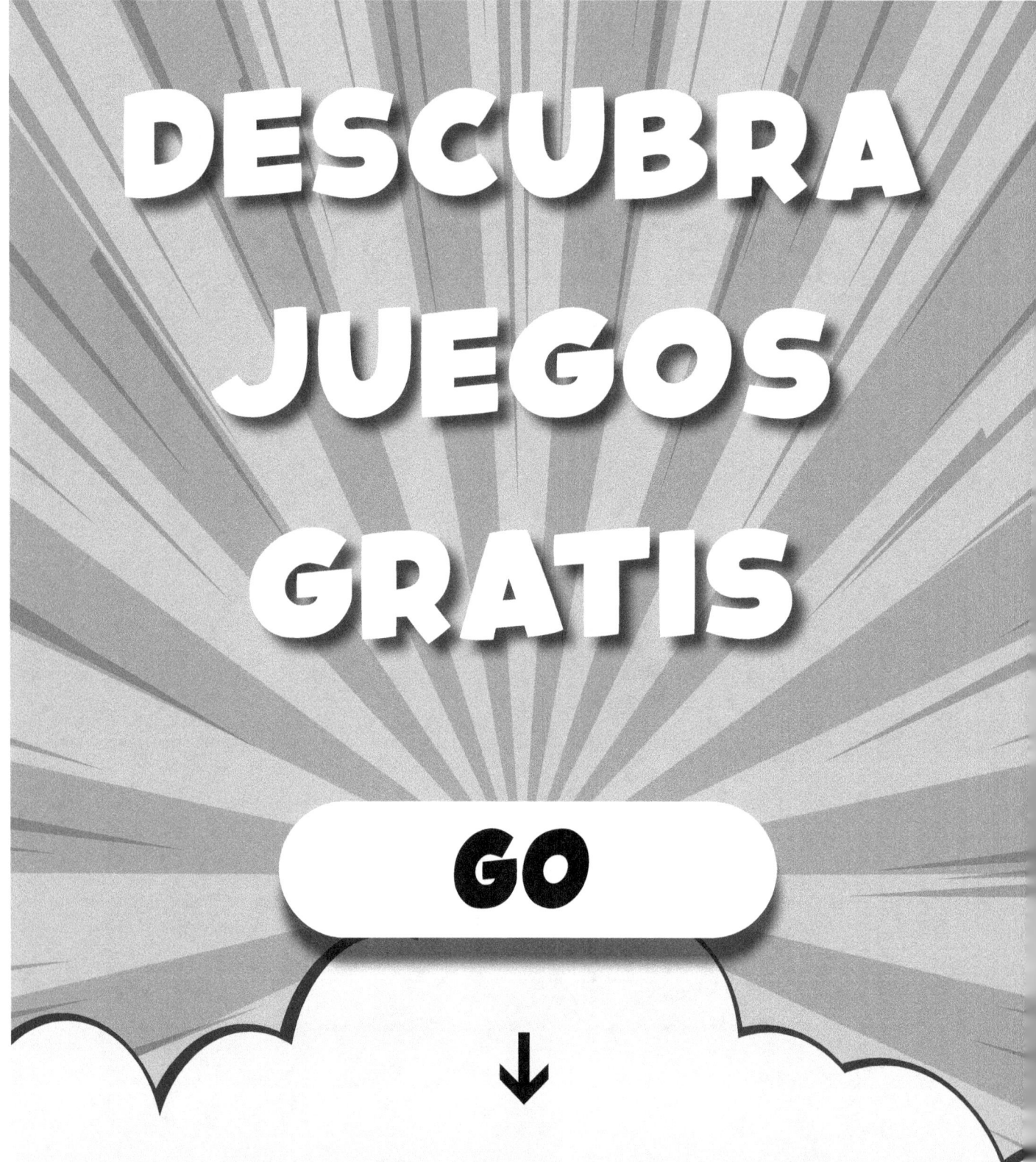

DESCUBRA JUEGOS GRATIS

GO

BESTACTIVITYBOOKS.COM/FREEGAMES